本书由中共昆明市委社会工作委员会、
上海华夏社会发展研究院、昆明社会治理研究院共同编著。

地方智库报告
Local Think Tank

昆明社会治理发展报告（2019）

区域国家治理体系现代化探索

程 连 元

主编

中国社会科学出版社

图书在版编目（CIP）数据

昆明社会治理发展报告.2019：区域国家治理体系现代化探索／
程连元主编.—北京：中国社会科学出版社，2019.10
（地方智库报告）
ISBN 978-7-5203-5416-5

Ⅰ.①昆… Ⅱ.①程… Ⅲ.①社会管理—研究报告—昆明—
2019 Ⅳ.①D677.41

中国版本图书馆 CIP 数据核字（2019）第 226973 号

出 版 人	赵剑英	
责任编辑	王 茵 马 明	
责任校对	王福仓	
责任印制	王 超	

出 版	中国社会科学出版社	
社 址	北京鼓楼西大街甲 158 号	
邮 编	100720	
网 址	http://www.csspw.cn	
发 行 部	010-84083685	
门 市 部	010-84029450	
经 销	新华书店及其他书店	

印 刷	北京明恒达印务有限公司
装 订	廊坊市广阳区广增装订厂
版 次	2019 年 10 月第 1 版
印 次	2019 年 10 月第 1 次印刷

开 本	710×1000 1/16
印 张	10
字 数	86 千字
定 价	48.00 元

序　言

　　加强和创新社会治理，事关群众切身利益，事关社会和谐稳定。党的十九大报告从统筹推进"五位一体"总体布局、协调推进"四个全面"战略布局的高度，明确提出"打造共建共治共享的社会治理格局"，要求完善党委领导、政府负责、社会协同、公众参与、法治保障的社会治理体制，提高社会治理社会化、法治化、智能化、专业化水平，为新时代加强和创新社会治理指明了方向。

　　加强和创新社会治理，是推进社会建设的重要任务，也是不断增强人民群众获得感、幸福感、安全感的内在要求。昆明作为多民族聚居的边疆省会城市，加强社会治理显得尤为重要，要把加强和创新社会治理作为建设区域性国际中心城市的重要支撑，加快建设优质高效的服务环境、公正严明的法治环境、诚实守信的市场环境、安全稳定的社会环境、健康文明的人文环境；作为满足人民群众美好生活需要的重要途径，持续解决好群众最关心最直接最现实的利益问题，真正让广大群众享受到改革发展带来的成果；作为全面提升昆明发展活力的重要手段，用改革的思路破解难题、创新的举措推动落实，广泛动员各方力量积极参与，更好地提升昆明的发展活力。

近年来，全市人民在社会治理方面做了许多有益的探索和大胆的实践，一些长期困扰基层群众的瓶颈问题有了突破，社会治理基础有效夯实，社会力量协同有序参与，平安建设水平不断提高，社会治理机制逐步理顺，群众满意度持续提升。但思想认识有差距、社会治理方式单一、群众参与社会治理的动力不足、社会组织培育发展滞后、社会治理队伍专业化水平不高等问题还不同程度地存在。社会治理的深度、广度、热度还不够，要持续推进往深处走、往细处抓、往实处做。要始终坚持政治导向、目标导向、问题导向、协同导向、法治导向，在精治、共治、法治上下功夫，在落细、落小、落实上求实效，运用先进的理念、专业的方法、精细的标准，坚持社会治理的政治引领、社会参与、法制保障、智能支撑、专业发展，切实增强社会治理工作的整体性、协同性、预见性、精准性和高效性。要始终围绕人民最关心最直接最现实的利益问题,既尽力而为,又量力而行,一件事情接着一件事情办,一年接着一年干,坚守底线、突出重点、完善制度、引导预期,完善公共服务体系,保障群众基本生活,促进社会公平正义,使人民获得感、幸福感、安全感更加充实、更有保障、更可持续。

社会治理刻舟求剑不行,闭门造车不行,异想天开更不行,必须坚持实事求是,敢于改革创新。本书系统总结了昆明市近年来的社会治理工作,研究提出36项社会治理综合指数,通过纵向三年的比较,横向与省会城市、发达地区、周边城市的对比分析,明晰了昆明市社会治理所处水平,找准了与发达地区的差距。本书既有对取得成绩的客观评价,又有对治理指标的分析比较;既对产生问题的原因进行了深刻剖析,又提出了加强和创新社会治理的方法路径,对进一步理清思路、找准差距、补齐短板,进一步对标先进、明确目标、争创一流具有重要的现实意义,值得认真学习研究。

初心一如来时路,山高路远再启程。社会治理没有终点,只有连续不断的新起点,是一场没有终点的"幸福接力"。当前,昆明社会治理正开启新的篇章,站在新的历史起点上,全市各级各部门要不忘初心、牢记使命，坚定信心、开拓进取，埋头苦干、攻坚克难，向着全市社会治理的既定目标奋勇前进，努力打造全国社会治理示范城市，在新时代创造出新的更大的成绩！

程连元

2019 年 9 月

目　　录

导论 以构建共建共治共享社会治理格局为载体，推进区域国家治理现代化

党的十九大报告从统筹推进"五位一体"总体布局和协调推进"四个全面"战略布局的高度，明确提出打造共建共治共享的社会治理格局。共建共治共享的社会治理格局是国家治理体系的有机组成部分，是国家治理体系和治理能力现代化的重要标志。2015 年以来，昆明市委市政府通过加强城乡基层社区治理，构建共建共治共享的社会治理格局，推进了区域国家治理的现代化。

一 国家治理体系现代化的"三重逻辑"

国家治理体系是在党领导下管理国家的制度体系，包括经济、政治、文化、社会、生态文明和党的建设

各领域的体制机制、法律法规安排，也就是一整套紧密相连、相互协调的现代国家制度体系。新时代推进国家治理体系和治理能力的现代化，既要着力国家治理所面临的推动国家统一性、推进国家均衡发展、提高国家创新性、促进国家法治化和加强基层社会治理等多项重点任务，又要分析把握提高国家治理体系现代化不同领域的逻辑关系。

新时代中国特色国家治理体系的现代化，若置于"全球化"视野下观察，有三大领域且又有内在逻辑关联的现代化，我们把它称作"三重逻辑"。

（一）区域国家治理体系的现代化

中国是世界上自然地理、经济社会、人口资源差异最大的国家之一，区域发展不平衡是中国的基本国情。在中国特色社会主义新时代，发展不平衡的矛盾日益突出。东南沿海地区已实现率先发展，部分城市收入水平已接近发达国家，但中西部大部分地区仍然较为落后，不同地区之间、城乡之间在居民收入以及教育、社保、居住、环保等社会资源方面存在着巨大差异。

区域发展不平衡除了天然禀赋不同、经济社会发展不同的基础以及政策差异之外，很重要的一个原因就是地方政府的治理效能低，营商环境和经济社会发展落后。因此，中西部地区如何提高政府治理的效能，如何在国家治理现代化方面先走一步、多走一些，对于跟上东部地区国家治理现代化的步伐至关重要。

（二）国家层面治理体系的现代化

国家层面治理体系的现代化要从以下四个维度整体推进。

第一维度：党的领导、人民当家作主和依法治国的有机统一，是推进国家治理体系现代化的核心。

中华人民共和国宪法规定，中国的根本制度是中国特色社会主义，中国共产党领导是其最本质的特征；中国的基本政治制度是人民代表大会制度；中国的基本经济制度是公有制为主体、多种所有制经济共同发展的市场经济。中国的依法治国是在中国特色社会主义法律体系基础上的依法治国。中国国家治理体系的核心，是党的领导、人民当家作主和依法治国的有机统一。

第二维度：国家治理制度的程序化、规范化和科学化，是国家治理体系现代化的根本标志。

推进中国的国家治理体系与治理能力的现代化，是建立一整套现代国家制度体系并提高用制度治国理政能力的过程，也就是发展和完善中国特色社会主义制度，适应时代变化，改革不适应发展要求的法律法规、体制机制，使经济和社会各方面制度更加科学、更加完善的过程。只有当党、国家和经济社会各项事务的治理走上了程序化、规范化和科学化的轨道，才标志着国家治理制度体系走上了现代化的轨道。同时，国家治理制度体系的现代化随着国家治理的现代化实践不断发展，与时俱进，推进国家治理的制度体系从不成熟到成熟，从现代化的一个境界走向另一个更高的境界。

第三维度：国家机关的运行监管体系是国家治理体系现代化的重要保障。

现代国家的三大主要经济职能是再分配、稳定经济和为应对市场失灵而监管①。在国家的众多角色中，"监管"是政府最重要的职能之一，监管体系则是赋予和执行政府监管职能的法律法规与组织机构的统称，是现代国家治理体系的重要组成部分，也是实现国家治理体系现代化的重要保障。

党的十五大以后，中国加快了建立开放市场经济的改革，政府从原来直接拥有、直接运行、宏观管理国有或集体企业，直接干预资源配置，转向使各种不

---

① 在政治学、法学和公共政策讨论中，"监管"的含义也多种多样。有时指"监督管理"，有时相当于英文中的"regulation"，而英文"regulation"有"规制""管制"等多种译法。早年也翻译为"规定"（见亚当·斯密《国富论》，郭大力、王亚南译，石油工业出版社2016年版）。

同所有制企业在市场上充分竞争，政府通过监管市场、维护市场秩序，保护消费者利益。党的十六大报告第一次明确了市场经济条件下的政府职能是经济调节、市场监管、社会管理、公共服务，要减少和规范行政审批。党的十九大以后，按照监管法治化的要求，推动现代监管体系建设，也是推动建设法治政府，推动国家治理体系的现代化。但是在信息化、网络化、智能化时代，政府的现代监管在拥有"智能化"工具的同时，也面临信用监管、执法监管，以及证券金融市场中监控股市异常操作的"算法监管"等挑战。从这个意义上说，内嵌于国家治理体系之中的监管体系的现代化，是推进国家治理体系和治理能力现代化的重要保障。

第四维度：社会建设、社会治理是国家治理体系的社会基础。

从国家社会发展的前景来看，社会建设不仅在相当长的时期内已成为中国特色社会主义持续发展壮大的基本驱动力，而且也是解决当今中国社会各种复杂矛盾，解决人民日益增长的美好生活需求和不平衡不充分的发展之间的矛盾的根本路径。加强社会建设之所以会成为全党全国人民的共识，不仅是中国社会建设相关理论演变和历史发展的必然结果，也是提高国家治理体系现代化，推进中国特色社会主义事业持续、稳定、健康发展的社会基础，体现了社会建设理论逻辑、历史逻辑和实践逻辑的统一。社会建设的现代化水平，或者说中国特色社会主义现代化的水平，反映着国家治理体系现代化的水平。

（三）以国家治理的现代化引领全球治理

1. 把握国家治理与全球治理的关系

2015 年 10 月 12 日，中共中央政治局专门就"全球治理格局和全球治理体制"进行第二十七次中央集体学习。习近平总书记在主持中共中央政治局集体学习时特别强调，当今中国参与全球治理的根本目的，就是要服务于实现"两个一百年"的奋斗目标、实现中华民族伟大复兴的中国梦，统筹国内和国际两个大局，推动全球治理体制向着更加公正合理的方向发展，为中国的发展和世界的和平创造更加有利的条件。参与全球治理就要把握国家治理与全球治理的关系。国家治理的对象是国家。国家治理体系现代化的核心是坚持党的领导、人民当家作主和依法治国的有机统一，坚持国家治理制度的规范化、科学化是国家治理体系现代化的标志。只有实现了国家治理体系和能力的现代化，才能在参与全球问题的治理中有所担当，并在服务中华民族伟大复兴中国梦的进程中，影响并引领全球治理体制向着公正合理的方向发展。

2. 在参与全球治理中提高国家治理能力

国家治理能力建设是全球治理的重要推动力量。政府不仅是国家政策的制定者，而且是全球治理规制的制定者和实施者，全球治理规制的合理与否也取决于主权国家的治理能力和参与程度，因为无论这些规制是国际制度、条约还是国际习惯法或者是国际组织的相关决议，其效力始终是主权国家意志的体现。当今任何国家都不可能规避参与全球治理的使命，其解决和应对需要依靠国家间乃至全球范围内的合作。金融危机、非法移民、生态环境恶化、恐怖主义威胁、跨国犯罪、气候变化、核扩散、难民危机等问题已经把世界各国连成一个命运共同体。尽管在全球治理过程中，具有跨国特征的主体，比如资本、各类跨国公司、国际非政府组织的影响力在不断提升，但是要有效地解决经济全球化产生的各种新问题，依然无法离开各主权国家的有效参与。

3. 中国要积极参与全球治理

在中国特色社会主义新时代，中国已经成为全球治理舞台中的建设性力量。中国对全球治理的参与程度始终与国内发展和现代化建设密切相关，已经形成了国内治理与国际治理、与全球治理紧密联系互动发展的新局面。长期以来，国际社会形成了以发达国家为中心的全球治理体系，而广大发展中国家则长期处于"被治理者"和治理体系的"外围"。进入21世纪以来，随着中国经济的快速发展与综合国力的全面提升，中国日益走近世界舞台的中央，为中国全面、深度参与全球治理打开了机会之窗。作为发展中国家和新兴大国，中国在参与全球治理的进程中，通过扩大改革开放，有力地促进了国内产业的升级换代，加速了经济发展的战略性结构调整，使中国的综合国力得到大幅度提升。中国之所以成为当今经济全球化的最大赢家之一，最为关键的因素就是中国政府拥有较强的驾驭全球治理的能力。

4. 为全球治理贡献"中国智慧""中国案例"

当前中国的社会治理模式清晰地呈现了政府与社会良性互动的图式：政府自上而下推动社会建设，补给社会建设所需要的各种资源；反过来，社会建设又以促进社会秩序形成、维护社会稳定为主要宗旨，实现政府治理的有效性。政府通过自上而下地推动社会建设促进社会的发展。这种自上而下的社会建设实践本身也蕴含着不同于西方的中国独特的政府与社会关系，中国政府和社会的直接互动模式，使我们的政府能够及时有效地对社会的呼声做出反应，使中国社会不是僵化而是充满活力的。在一定意义上说，这是对西方政府与社会对立模式的一种超越。

中国社会治理模式的相对成功，激励着世界上许多国家大胆进行体制创新,探索自己的道路。随着党的十八届三中全会明确将"推进国家治理体系和治理能力的现代化"确定为中国全面深化改革的总目标,"治理"一词,不但延伸到中国政府的政策话语体系中,也开始进入普通民众的视野。中国一系列正确的决策及其有效执行,中国在民生问题上取得的成效,都基于中国有效的治理体系,这也是一种国家治理体系中的"良政善治"。中国政府追求"良政善治"的社会治理模式体现了其对民意、民愿、民生的极大关注,也是推进国家治理体系现代化的成功实践。

二 夯实区域国家治理现代化的社会基础

打造共建共治共享社会治理格局的过程也是夯实区域国家治理体系现代化的过程。党的十八届三中全会提出"加快形成科学有效的社会治理体制",创新社会治理体制首次被置于国家发展战略的高度。党的十九大报告明确提出形成现代社会治理格局,将其置于国家发展全局高度,标志着中国社会治理迈向共建共治共享格局构建的新阶段。社会治理格局的构建是在更高层次更大系统中对社会治理事业的全方位谋划和安排,对社会治理提出了更高要求。它不仅要求建立社会治理多元的制度体系、完备的社会公共服务体系、全面的社会保障体系、严密的社会治安防控体系、完善的社区自治体系，还意味着要营造出这些体系有效运转和相互支撑所必需的系统条件。

2017 年以来，昆明市委市政府在打造共建共治共享社会治理格局的过程中，不断探索区域国家治理的现代化体系，夯实区域国家治理的现代化基石。

（一）打造面向南亚、东南亚开放的国际中心

1. 打造面向南亚、东南亚开放的国际物流中心

2015 年以来，昆明大力开展区域物流和国际物流合作，加快物联网等新技术研发应用，完善现代物流设施建设，支持物流企业"引进来"和"走出去"，构建跨境综合物流运输体系。加快配送网络体系建设，共同建设国家区域性物流节点城市。发展新型物流业态，提升航空口岸功能，推进泛亚铁路公路口岸建设，稳定昆蓉欧班列双向开行，增强昆明对国内外货物的枢纽集散功能，构建以贯通东南亚的国际公路、铁路、航空为依托的国际性区域物流体系。

2. 打造面向南亚、东南亚开放的国际信息中心

"十三五"期间，昆明加快 GMS 投资贸易通关便利化信息平台等资源整合，促进互联互通和政务信息资源共享，增强昆明市汇集发展信息的能力。发挥中国电信昆明区域国际出入口局作用，推进以昆明为中

心的光纤骨干网建设和"三网融合"及信息"大通道"建设。启动互联网区域国际出入口局建设。以加快推进云南省信息中心、中国移动云南数据中心、浪潮昆明云计算中心等项目建设为重点，推动科技教育、医疗卫生、金融服务、旅游文化、交通物流等经济社会重点行业领域信息资源整合共享，建设区域性大数据中心。建设电子商务国际营销网络，引导互联网企业拓展国际市场。

3. 建设面向南亚、东南亚开放的区域性国际金融服务中心

"十三五"期间，昆明逐步建成区域性国际跨境人民币金融服务中心、区域性国际跨境人民币投融资结算中心、区域性国际货币交易中心、区域性国际票据交易服务中心。按照"一园两片"（"一园"是指昆明金产园区，"两片"是指西山金产片区、呈贡金产片区）规划，加快昆明金融产业园区建设，进一步健全银政合作联动机制。建立全方位金融政策支持体系。扩大人民币跨境使用，推进沿边金融开放。积极引进战略投资者、国内外知名金融机构进入园区设立区域管理总部、区域性功能中心和分支机构。支持昆明地区商业银行"走出去"，到南亚、东南亚国家设立分支机构。

（二）全面推进民主建设和依法治市

"十三五"期间，深化民主法治领域改革，加强民主建设，树立法治观念，运用法治思维和法治方式深化改革、维护稳定，全面推进依法治市进程，为经济社会发展营造良好环境。

1. 推进民主建设

坚持和完善人民代表大会制度、中国共产党领导的多党合作和政治协商制度、民族区域自治制度以及基层群众自治制度。全面贯彻党的对台和侨务政策，加强与各民主党派、工商联合作共事，完善民主党派、人民团体、无党派人士建言献策"直通车"制度，巩固和发展最广泛的爱国统一战线。充分发挥工会、共青团、妇联等人民团体的监督作用。加强基层民主法治建设，实施"4+3"工作体系［即进一步健全完善"民主选举、民主决策、民主管理、民主监督，村（居）务公开、财务公开、党务公开"工作机制］，全面提高基层干部群众的民主法治意识和法律素质。充分发扬民主，贯彻党的群众路线，提高宣传和组织群众能力，加强经济社会发展重大问题和涉及群众切身利益问题协商。建立健全重大事项集体决策制度、征求意见和论证制度、合法性审查和风险评估制度、终身责任追究和责任倒查制度、社会公示和公开听证制度、新闻发布制度、决策后评估和决策跟踪反馈制度。

2. 推进依法治市

完善科学立法和民主立法机制，健全定期清理地方立法制度，定期开展立法后评价，基本形成具有昆明特色、与地方经济社会发展相适应的法规和政府规章体系。加快市、县两级政府综合执法改革，建立职能集中、边界清晰、管理规范、上下协调、运行有效的综合执法体系。全面推进依法行政，依法界定和规范政府职能，加快建设法治政府。推进行政审批和政务服务规范化、标准化。深化行政执法体制改革，推进综合执法，提高执法和服务水平。健全依法决策机制，建立政府重大行政决策合法性审查机制，推动实现科学、民主决策。建立健全行政裁量权基准制度，推进行政执法规范化建设。健全完善政府及其组成部门法律顾问制度，实现政府法律顾问全覆盖。改革行政复议体制，健全行政复议案件审理机制。深化司法体制改革，推进审判公开、检务公开、警务公开，依法及时公开执法司法依据、程序、流程、结果，构建开放、动态、透明、便民的阳光司法机制，提高司法公信力。落实"谁主管谁普法，谁执法谁普法"责任制，开展多层次、多领域法治创建活动，不断增强全社会尊法学法守法用法意识。整合公共法律服务资源，拓展公共法律服务领域，加快建立健全符合市情、覆盖城乡、惠及全民的公共法律服务体系。加强党内监督、人大监督、民主监督、司法监督、舆论监督等制度建设，努力形成严密的地方法治监督体系。

（三）创新社会治理的体制机制

2015 年以来，昆明市坚持以人为本、公开公正的原则，创新社会治理体制机制，激发社会组织活力，依法化解社会矛盾，保护弱势群体权益，推进诚信社会建设，全面提高社会治理水平。

1. 改进和创新社会治理方式

深化社会治理体制改革，完善党委领导、政府主导、社会协同、公众参与、法治保障的社会治理体制，推进社会治理精细化。以系统治理、依法治理、综合治理、源头治理为主线，加快从传统社会管理向现代社会治理转变。推进社会治理和服务的信息化，加快形成全面覆盖、动态跟踪、联通共享、功能齐全的社会治理和服务信息系统。完善社会动员机制，加强专业化、职业化社工队伍建设，广泛开展志愿服务活动，提高社会公益和志愿服务水平。逐步形成政府治理和社会自我调节、居民自治良性互动的共建共享社会治理格局，不断提升社会治理水平。

2. 激发社会组织活力

建立健全社会组织管理体制，营造发展环境，加大政府购买公共服务和财税扶持力度，重点培育和发展慈善类、行业协会类、社区服务类、科技文化类社会组织，构建覆盖广泛、门类齐全、结构优化、布局合理、作用明显的社会组织体系。建立社会组织参与社会事务、维护公共利益、救助困难群众、帮教特殊人群、预防违法犯罪的机制和制度化渠道，形成法规政策健全、监管有力、服务到位的社会组织管理服务格局。

3. 有效预防和化解社会矛盾

建立健全社会矛盾预警、利益表达、协商沟通和救济救助机制，畅通群众利益协调、权益保障渠道，处理好关乎群众切身利益、群众反映强烈的突出问题，及时预防和化解社会矛盾和风险，维护社会稳定。加快构建"大调解"工作系统、县乡村组四级人民调解网络和衔接联动的矛盾纠纷调处化解机制，健全社会舆情汇集和研判分析机制。完善领导下访、约访制度，依法规范信访秩序，及时妥善处置各类群体性事件。完善个人心理医疗服务体系和特殊人群专业心理疏导矫治救助体系。依法妥善处置涉及民族、宗教等因素的社会问题，切实保障少数民族和信教群众的合法权益，促进民族宗教和谐。保障妇女、儿童、老年人、残疾人、失业者等群体的合法权益，建立健全相关救助保障体系，不断提高救助保障水平。

4. 推进社会诚信体系建设

发挥政府诚信示范作用，从决策、执行、监督、服务等方面加强政府信用建设，进一步提升政府公信力。健全企业信用管理制度，培育信用市场，维护公平交易，保护正当竞争，营造良好的市场秩序。建立个人征信系统，完善信用激励约束机制，推进诚信文化建设，培育良好的社会信用环境。深入推进社会公德、职业道德、家庭美德、个人品德建设，提高广大市民的思想道德素质和科学文化水平。

（四）提升公共安全水平

"十三五"期间，昆明围绕打造"平安昆明"，完善社会安全基础设施建设，推进社会治安综合治理，推进"质量昆明"建设，完善安全生产监督管理体系和食品药品监督管理体系，提高防灾减灾救灾的应急处置能力，进一步提升公共安全保障水平。

1. 完善社会安全基础设施

加强基层司法所、看守所、拘留所、涉案特殊人群关押看守场所、刑科所、痕迹物证鉴定中心、警务技能训练基地、智能交通指挥中心、涉案财物保管中心、环保执法鉴定中心、社区警务室等建设。深入推进科技强警战略，建立与经济社会发展相适应的财政保障制度，提高公安侦控水平，实现公共安全指挥调度系统现代化，增强社会治安防控能力。根据城市建设发展需求，同步规划并配套建设消防站、市政消防供水、消防通信和消防车道等公共消防设施，以及公安派出所、警务站和高清监控探头、红外线报警装置等公共安全基础设施，并作为规划审批、工程验收的前置条件。"十三五"期间，昆明市已先后新建五华区、盘龙区、宜良县、寻甸县、安宁市5个看守所和昆明市、寻甸县2个拘留所，新增9个乡镇派出所，并根据经济社会发展和社会治安治理工作需要，实时调整和新增公安基层派出所。

2. 推进社会治安综合治理

深入推进"平安昆明"建设，巩固强化反恐制暴工作体系。依法严厉打击暴力恐怖、涉黑犯罪、邪教、黄赌毒、经济犯罪等违法犯罪活动。以基层为重点，深入推进禁毒防艾各项工作，巩固工作成果。不断提升立体化社会治安防控体系的能力和水平，持续深化以社会面治安防控网、城乡社区治安防控网、单位内部安全防控网、重点行业和重点人员治安防控网、技术防范治安防控网、信息网络防控网"六张防控网"为骨架的立体化治安防控体系。加强群防群治暨社会治安志愿者队伍建设，全方位依靠群众、发动群众参与社会治安综合治理工作，保障人民群众生命财产安全。"十三五"期间，全市人民群众对社会治安满意率保持在80%以上。

3. 加强公共安全建设

（1）强化安全生产。建立健全安全生产责任体系，严格落实"党政同责、一岗双责、失职追责"的安全生产责任制，深化安全生产网格化监管体系建设，大力推进安全生产信息化建设，充实安全监管执法力量，加强安全生产标准化建设，严格安全准入条件，严厉打击非法违法生产、经营、建设等影响安全生产的行为，加快建立健全政府统一领导、相关部门共同参与的联合执法工作机制。到 2020 年全市亿元 GDP 生产安全事故死亡率比 2015 年下降 5% 以上。

（2）推进食品药品等其他安全体系建设。完善食品药品安全监管与保障体系，加强食品药品检验检测体系建设，建立食品药品安全质量追溯制度，提升食品药品执法监管能力，建立健全延伸至最基层的食品药品执法监管体系。建立粮食应急供应保障体系。加强网络安全防范工作，进一步完善相关管理体系和应对措施。严格管理危险废物，规范处理处置方式。

（3）推进"质量昆明"建设。推动经济整体发展质量和微观产品服务质量"双提升"。实施品牌打造和标准化建设，切实推进质量人才培育、质量管理进步、质量安全保障和质量文化建设四大工程，努力提升产业、产品、服务、工程和环境质量，建成"全国质量强市示范城市"。

三 以社会治理的智能化推进区域 国家治理的现代化

随着互联网、云计算和物联网等新兴技术的兴起和运用，大数据时代悄然而至，社会治理方式智能化也应运而生。昆明及时把握社会治理智能化的价值和趋势，在完善城市网格化管理、促进智慧城市建设的同时，以社会治理的标准化、规范化完善社会治理的智能化，进而全面系统地推进区域国家治理的现代化。

（一） 社会治理智能化的价值

社会治理的智能化，为政府、企业和社会等多元治理主体提供基础条件和治理新思路。通过对大量数据及对相关事物的分析，实现社会治理由事后决策向事前预警的转变，并利用大数据来加强社会风险控制，提高社区的预警能力和应急能力。同时通过建立数据安全等级保护制度，确保数据自由流通和共享，保障公共安全和社会共同利益。

更重要的是，社会治理的智能化成果全民共享。全民共享是目标，全面共享是内容，共建共享是基础，渐进共享是进程。智能化工具正在逐步渗入民众的日常生活，GPS、北斗导航系统的运用以及物流机器人、扫地机器人和农场机器人的投入使用，为人民工作和生活提供了便利。此外，中国的一些社区对传统的养老模式进行了创新，与新型技术融合，出现了互联网居家养老模式，运用网络对老年人的意向进行智能化分析，描绘出个体的偏好特征，并为其定制个性化服务，不仅关心老年人的健康安全、居家生活，也把老年人的精神生活纳入考虑范围，实现由"养老"向"享老"的转变。

（二）社会治理智能化的根本要求

社会治理的智能化根本要求有以下三个方面：一是治理主体的机器化。治理主体已由传统的"人"转向"机器"。二是治理体系的算法化。"人类社会发展的历史表明，道德治理与法律治理都是影响国家统治秩序和人们生活的重要方式，历来受到统治阶级的重视。"① 传统国家制度层面的规范性治理主要源自道德与法律，从效果来看两者各有千秋。由于人工智能技术作为社会治理手段引入，算法模型具有与其他社会规范一致的等值作用，算法作为国家制度规范的重要补充，如何被传统法律、道德吸收，重新建构有效、完整的国家制度规范体系？这一问题能否被解决、在

---

① 马振清：《国家治理方式的双重维度研究》，中国言实出版社2014年版，第3页。

什么程度上解决决定着人工智能嵌入社会治理的有效与否。三是治理手段的技术化。从社会治理的效用来看,"技术和技术平台具有短期跃进效应和长期固化效应"。从短期的效果来看,人工智能"的确能够以'跃进'的方式提升体制效率和体制韧性,但是这种提升效应是短期的,不仅难以持续,而且还会造成体制的长期固化"①。所以,人工智能技术的成熟并广泛应用于社会治理领域可能会使治理主体产生技术依赖,将社会治理过程简化并固化为购买机器设备、制定技术平台规则、建设基础设施、培训技术人员和技术手段常规化。

(三) 昆明社会治理计算的智能化

智能化大数据,很重要的是计算的智能化。本书通过数学建模对昆明市 2015—2017 年 12 万个数据进行计算分析,形成昆明市社会治理综合指数及其增长率。

1. 运用主成分数学建模推进计算智能化

本书运用主成分数学建模,计算昆明市社会治理综合指数及其增长率的具体步骤和方法详见第三章(第 43—44 页)。

---

① 张丙宣:《技术治理的两副面孔》,《自然辩证法研究》2017 年第 9 期,第 27—32 页。

2. 昆明市社会治理综合指数

昆明市社会治理综合指数 2016 年得分为 80.36 分，2017 年得分为 80.78 分，2018 年得分为 81.03 分，各年度综合指数得分持续上升。

昆明市社会治理综合指数得分在 2016—2018 年呈稳步上升趋势。以 2016 年为基础进行比较，2017 年社会治理综合指数得分较 2016 年提升了 0.52%，2018 年社会治理综合指数得分较 2016 年提升了 0.83%。

四　社会治理的标准化、规范化提升区域国家治理的现代化水平

社会治理智能化的一个重要前提和环节，是社会治理的标准化、规范化。2018 年在昆明市委市政府的领导和部署下，昆明市委社工委与上海华夏社会发展研究院、昆明市社科院紧密合作，通过对昆明市县（区）、街道（乡镇）和社区（村）的大量调研，运用大数据，借助智能化手段研制了昆明市社会治理指数及其考评指标体系。通过社会治理的标准化、规范化，不仅促进了社会治理的智能化建设，而且提升了昆明市打造南亚、东南亚国际中心城市的品质，提升了区域国家治理体系现代化的水平与能力。

（一）社会治理的标准化

在借鉴了北京市、上海市,尤其是上海浦东新区的社会治理创新指标体系之后,经课题组深入研究,通过运用"头脑风暴""熵权法",筛选出 36 个指标,并将 36 个指标分为三大维度,进而构建起昆明市社会治理综合指数的体系结构。

（二）社会治理的规范化

昆明市第一次在全国提出了"'1 + 2'指数和测评体系"。这里的"1",即昆明市社会治理指数;"2",即昆明市社会治理测评体系〔着重测评和引领县（市）区相关部门的社会治理〕、昆明市创新社区治理考评体系〔着重考评街道（乡镇）"创新社区治理"的绩效〕。

昆明市社会治理指数着眼于客观数据反映昆明社会治理水平,指数数据有统计口径,能横向（国内外）与纵向比较,找到差距。

社会治理指数水平的提升,离不开昆明市各县（市）区、街镇以及社区治理工作绩效的基础,治理工作绩效直接或间接影响昆明市社会治理指数水平的提升。社会治理指数的水平,能从整体上引领基层的社会治理。

　　同时，通过研制昆明市城乡创新社区治理的操作手册，构建社会治理大数据平台：一是通过测评和考评，更好地推进昆明乡镇（街道）社会治理与社区治理的有效衔接；二是评估引导创新社区治理的示范区建设，并向全市、全省乃至全国推广；三是加强对智能社区、智能交通、智能旅游、智能环境监测等社会治理难点问题的破解与有效衔接，提高社会治理智能化水平。

　　《中共中央国务院关于支持海南全面深化改革开放的指导意见》（2018年4月11日）强调，"全面加强基层治理"，"促进乡镇（街道）治理和城乡社区治理有效衔接"。昆明市"'1＋2'指数和测评体系"，尤其是创新社区治理考评体系的研制和应用，将为破解乡镇街道治理和社区治理有效衔接难题提供示范经验。

第一章 新时代创新社会治理的使命要求

昆明作为多民族聚居的边疆省会城市，要推进区域性国际中心城市建设，必须加强和创新社会治理，尤其是抓好基层社会治理工作。这事关党和国家大政方针的贯彻落实，事关人民群众的切身利益，事关社会大局的和谐稳定。这既是一项战略性任务，更是一种崇高的历史使命。

一 新时代创新社会治理的历史使命

（一）建设区域性国际中心城市的时代课题

近年来，昆明加快建设立足西南、面向全国、辐射南亚、东南亚的区域性国际中心城市，综合实力不断增强，城乡面貌日新月异，群众福祉与日俱增，即将率先全面建成小康社会，中国特色社会主义在昆明的具体行动和生动实践进入新时代。但与区域性国际中心城市对标，昆明发展与落后并存，成绩与问题交织，还有一张长长的问题清单：经济综合实力还不够强，发展质量效益还不够好，城市功能品质还不够优，城乡统筹水平还不够高，民生改善步伐还不够快，党风廉政建设和反腐败斗争任务依然艰巨。

（二）　新时代昆明社会发展的新方位

党的十九大报告指出，中国仍处于并将长期处于社会主义初级阶段的基本国情没有变，中国是世界最大发展中国家的国际地位没有变。这是中国的现状，也是昆明的现状。当前中国社会的主要矛盾，已经转化为"人民日益增长的美好生活需要和不平衡不充分的发展之间的矛盾"。对昆明而言，发展不充分的关键是经济总量不足、发展速度不快、运行质量不高，发展不平衡的关键是地区差距、城乡差距，以及城市内部的发展差距、治理短板。从社会发展角度分析，集中表现在：不断扩大基本公共服务覆盖面的需求和提高公共服务质量的需求同时存在，推进部分地区城市化进程要求与加强城区精细化管理的要求同时存在，市民群众合理追求个人利益、家庭幸福的愿景和人们参与公共事务、追求公共利益的愿景同时存在。

（三）新时代昆明社会治理的新使命

党的十九大报告指出，实现中华民族伟大复兴是近代以来中华民族最伟大的梦想；中国共产党一经成立，就把实现共产主义作为党的最高理想和最终目标，义无反顾地肩负起实现中华民族伟大复兴的历史使命。围绕昆明发展的时代课题，准确把握社会主要矛盾的转化，面向区域性国际中心城市建设战略目标，面对社会问题的多发性更为凸显、加强社会治理的紧迫性更为凸显、社会治理的复杂性更为凸显、维护公共安全的重要性更为凸显的社会治理新特征，必须不断促进社会公平正义，形成有效的社会治理、良好的社会秩序，使人民获得感、幸福感、安全感更加充实、更有保障、更可持续。

二　新时代创新社会治理的总体要求

（一）习近平新时代中国特色社会治理思想

党的十八大以来，习近平总书记多次对社会治理进行了丰富阐释，突出表现在"治理和管理一字之差"的理念创新论，"核心是人"的人民中心论，"带领人民创造美好生活"的民生为本论，"理国要道在于公平正直"的公平正义论，"坚持依法治国和以德治国相结合"的德法兼治论，"加强和创新社会治理关键在体制创新"的体制创新论，"善于继承才能更好创新"的不忘本来论，"面对面、心贴心、实打实"的群众工作论，"基础不牢，地动山摇"的基层重心论，"以人民安全为宗旨"的总体安全论，以及"打铁必须自身硬"的党的领导论。这一系列新思想、新观点、新论断相互联系、相互贯通，形成了系统完整、逻辑严密的科学理论体系，是中国社会治理领域最为重要的创新性进展和最重大的理论创新成果，对于昆明市加强和创新社会治理具有重大的现实意义和指导意义。

（二）党的十九大对新时代社会治理的政策指导

党的十九大高度重视社会治理问题，从统筹推进"五位一体"总体布局和协调推进"四个全面"战略布局的高度，明确提出打造共建共治共享的社会治理格局，对新时代社会治理工作进行政策指导，主要包括：一是要加强社会治理制度建设，完善党委领导、政府负责、社会协同、公众参与、法治保障的社会治理体制。二是要正确处理人民内部矛盾，加强预防和化解社会矛盾机制建设。三是要加强公共安全体系、社会治安防控体系、社会心理服务体系和社区治理体系建设。四是要不断提高治理的社会化、法治化、智能化、专业化水平。这一系列新思想新举措，为昆明市紧密结合自身实际，在关键领域和重点环节转化为具体思路、具体举措、具体行动，在新的历史条件下加强和创新社会治理，提供了遵循，指明了方向。

第二章 新时代创新社会治理的现实基础

2018 年以来，昆明市立足区域性国际中心城市建设，全面贯彻落实习近平新时代中国特色社会主义思想和党的十九大精神，贯彻落实习近平总书记对云南工作的重要指示精神，按照省委决策部署，在推进区域性国际中心城市建设的过程中夯实昆明创新社会治理的现实基础。

一 党的领导核心作用不断加强

昆明市把党的领导贯穿社会治理全过程，连续实施基层党建"推进年""提升年""巩固年""创新提质年"。坚决践行"两个维护"，市委带领全市党员干部树牢"四个意识"，坚定"四个自信"，坚决维护习近平总书记党中央的核心、全党的核心地位，坚决维护党中央权威和集中统一领导。坚持知行合一，把习近平新时代中国特色社会主义思想贯穿到区域性国际中心城市建设全过程，体现到党的建设各方面，推进党中央决策部署在昆明落地生根。农村党建方面，组建138个乡镇（街道）青年人才党支部，组织662名村（社区）干部参加能力素质和学历水平提升行动。实施集体经济强村工程，全面建立村干部岗位补贴长效机制。城市党建方面，全面推动街道党建联盟、社区大党委建设，全市成立68个街道党建联盟、361个社区大党委，吸纳1696家驻区单位党组织负责人担任兼职委员，70个街道332个社区建立党建联席会议制度。推进街道管理体制改革，取消街道招商引资职能，全面开展楼宇、互联网企业和智慧党建。加快"两新"党组织有效覆盖，2018年新成立党组织157个，建成园区党群活动服务中心40个、党建指导站28个，选聘非公党建专干92人，开展党建工作指导员选派工作，实现"两新"组织党建指导员选派全覆盖。加强党建引领基层社会治理，推行"县（市）区—街道—社区—居民小区（小组）—楼栋"五级治理模式，整合驻区"两代表一委员"和居委会、物业公司等力量，按网格责任落实各项工作任务。

二　政府主导作用有效发挥

2018 年，昆明市经济平稳健康发展，开创了区域性国际中心城市建设新局面。实现地区生产总值5206.9 亿元、增长 8.4%，固定资产投资增长 5.5%，一般公共预算收入 595.6 亿元、增长 6.2%，城乡居民人均可支配收入分别达 42988 元和 14895 元、分别增长 8% 和 8.7%，社会消费品零售总额 2787.4 亿元、增长 10%，居民消费价格上涨 1.7%，单位地区生产总值能耗下降 7%。深入推进供给侧结构性改革，落实各项减税降费政策，着力降低用地、用电、物流和研发成本，全年降低企业成本近 500 亿元。深化"放管服"改革，出台实施打造国际一流营商环境的系列政策措施，着力解决审批"三多"问题，全市梳理公布"最多跑一次"改革事项 5202 项，累计办理"最多跑一次"改革事项 5217 万余件，办结率达 99.99%。实施政务服务"七办"模式，初步实现"3550"改革目标，行政审批要件精简 38%，审批时限压缩 51%，市本级行政许可事项精减到 80 项，为已公布行政许可事项的省会城市中最少的。公共资源交易率先实现跨省远程异地评标。开展"证照分离"改革试点工作 106项，深入推进"多证合一"改革，创新实施"容缺审批"制度，企业和个体工商户登记实现全程电子化，全市新设立市场主体 14.7 万户，市场主体总量达 72.1 万户，增长 8%，民营经济实现增加值 2390.6 亿元，占 GDP 比重达 45.9%。昆明在全国直辖市、副省级城市、省会城市中的营商环境指数排名跃居第 13 位，较上年提升 9 个位次。农村土地承包经营权确权登记颁证和"三权分置"改革有序推进。国资国企、财税金融、教育文化、医疗卫生等领域改革积极稳妥推进。

三　城乡治理品质明显提升

完成环滇池空间形态与城市天际线等专项规划编制，出台实施城市空间管控和特色风貌塑造指导意见，初步形成国土空间规划成果。开展 23 个"三旧"改造连片开发，在控制增量的基础上拆除违法违规建筑 2049 万平方米。加快草海、巫家坝等重点片区开发建设，翠湖周边历史文化片区整治提升一期示范项目基本完成。开工新建城市道路 76 条，实施道路整治 42 条，提前完成南二环提升改造，有序推进 4 号线等 5 个地铁在建项目，绕城高速宜良至澄江段、广福路东延线建成通车，昆石高速马郎立交桥建成投用，功东、武倘寻等 13 条高速公路加快建设。建立"1 + 5 + X"网格工作模式，推进"智慧昆明"建设，不断提升城市管理服务水平。出台实施文明行为促进条例，常态长效推进交通整治、志愿服务等工作，持续推进全国文明城市创建，国家卫生城市、国家园林城市通过省级复查复审，以总评分第一名的成绩荣获"国际花园城市"E类金奖。引导资本、技术、人才等要素向农村流动，完善农村道路、水利、互联网等基础设施，扎实推进"七改三清"，完成农村公路建设1000公里、"五小水利"建设1.4万件，建成美丽乡村626个，农村生产生活条件持续改善。

四　惠民实事办理群众满意

持续加大民生投入，将财政支出的73.7%用于民生支出。深入实施教育优先发展战略，扎实推进"三名"工程，创新实施银龄讲学三年行动计划，年内引进西南大学附属学校、华东师大实验学校等名校10所、名师68名、名校长10名，累计引入省外名校来昆合作或举办学校24所，累计新增优质学位6万余个，优质高中覆盖比达到74.5%。持续深化医药卫生体制改革，推动分级诊疗等制度落实，与北京301医院、上海中医药大学签订战略合作框架协议，累计引进9家医疗机构在昆合作办医。县级医院提质达标建设加快推进，基层医疗卫生机构设施条件全面改善，食品药品监督管理不断强化，医疗卫生服务水平稳步提升。多措并举促进就业，新增城镇就业 16.5 万人，农村劳动力转移就业 17.9 万人。各项社会保险覆盖率保持在 96% 以上。启动建设社区居家养老服务中心 62个，新增养老床位 3500 余张。深入实施文化惠民工程，不断提升公共文化的覆盖率和服务效能。严格落实安全生产责任，持续推进立体化、智能化、社会化治安防控体系建设，扎实开展扫黑除恶专项斗争，有效遏制盗抢骗、黄赌毒等违法犯罪，社会大局保持和谐稳定。

五　社会治理基础有效夯实

把和谐社区建设作为加强和创新社会治理的着力点和主抓手，围绕"自治好、管理好、服务好、治安好、环境好、风尚好"开展工作。开展和谐社区建设，探索"五级治理""三社联动"等治理模式，城镇社区达标率为 98%，农村社区达标率为 97%。完善社区基础设施，城市社区办公用房全部达到 400 平方米以上，对村小组未达到 70 平方米的 1813 个村小组活动场所开展达标建设。推进社区减负增效，依法确定社区工作事项、规范社区考核评比活动、清理社区工作机构和牌子、精简社区会议和台账、严格社区印章管理使用、整合社区信息网络、增强社区服务能力，明确了76项"社区工作事项清单"、21项"社区印章使用清单"。加强社区民主建设，制定加强城乡社区协商的实施意见，2018年1—9月，全市累计开展协商2010余次，解决问题3000余件，直接参与社区协商的居民达6.5万人，70%的社区建立协商议事委员会。全面推行"四议两公开"工作法，居务公开检查率为91%，村务监督委员会覆盖率为100%，基层民主参选率为93.9%。开展社会规范修订工作，修订完善《昆明市民文明公约》等市民公约、村规民约、学生守则、行业规范、团体章程等社会规范，修订村规民约1800多个，村规民约修订做到全覆盖。

六　社会力量协同有序参与

积极开展社区社会组织培育实践工作，全市各类社会组织达8693个，其中城乡社区服务类社会组织3826个、公益慈善类32个。加快探索政府购买社会组织服务，2017年获得中央财政支持社会组织参与社会服务项目立项A类4项、C类5项；2018年确定8个社区治理创新试点项目，下拨专项经费给予支持，通过积极引导社会组织参与到社区治理工作中，以社区为依托、社会组织参与、社会工作者为支撑的"三社联动"治理模式进一步完善。积极稳妥地推进全市性行业协会商会与行政机关脱钩试点，顺利完成第一批行业协会商会与行政机关脱钩"五分离五规范"试点工作。深入实施创建全国文明城市三年行动计划，大力开展"5＋N"群众性精神文明创建活动，着力打造优美环境、优良秩序、优质服务、优秀文化，推动全民共建共治共享，持续提升城市文明水平。加强志愿服务体系建设，实名注册志愿者76万人，登记志愿服务组织和团队约3310个。

七 平安建设水平不断提高

深入推进"平安昆明"建设，切实提高社会治理精细化水平。深化网格化管理体系建设，形成市、县（市）区、乡镇（街道）、村（社区）、网格"五级联动"，划定网格3862个，配备网格员10766人，网格化服务管理覆盖率达到100％。着力推进矛盾纠纷排查调处，坚持矛盾纠纷大调解工作联席会议制度，建立健全县（市）区、乡镇（街道）、村（社区）三级矛盾纠纷大调解中心，2018年全市共排查调处矛盾纠纷102203件，成功调处98973件，调处成功率96.84％。加快推进"雪亮工程"建设，2018年全市各县（市）区新建、整合视频监控探头近24000个，全市公共区域联网探头总数达到 40000 余个。深化治安重点地区和突出治安问题排查整治，2018 年共排查整治治安重点地区 26 个，突出治安问题 13 个。对全市乡镇（街道）按照"绿、黄、红"三种颜色区分等级，全面推行治安分色管理，2018 年全市治安状况良好（绿色）的乡镇（街道）达 90% 以上。加快推进综治中心建设，全市 18 个县（市）区、开发（度假）园区挂牌成立综治中心；建成乡镇（街道）综治中心 135 个、村（社区）综治中心 1620 个。加强人民群众安全感提升，2018 年全市群众安全感综合满意率为 91.62%，呈稳步上升趋势。

八　社会治理机制逐步理顺

认真贯彻中央和省关于加强和创新社会治理工作的部署要求，在社会治理方面开展有益探索和大胆实践，着力推进治理体系和治理能力现代化，一些长期困扰基层群众的瓶颈问题有了新突破。2018 年制定下发《中共昆明市委　昆明市人民政府印发〈关于创新社会治理加强基层建设规划纲要（2018—2035 年）〉两个文件的通知》（昆发〔2018〕16 号）等四个文件，着力构建共建共治共享的现代社会治理格局和具有昆明特色的社会治理体系。经省委、省政府批准，组建市委社会工作委员会作为市委工作机关，对外加挂市社会建设办公室牌子，并成立了市委程连元书记任组长的中共昆明市委社会建设工作领导小组，明确市委副书记刘智同志代表市委直接推动全市社会建设工作，明确市委常委、市委统战部部长杨皕同志具体负责社会建设工作并兼任市委社会工作委员会书记，从市委层面高位统筹推动社会建设。通过理顺体制机制、高位统筹推动、部门齐抓共管，全面提升全市社会治理工作的层次和水平。

第三章 昆明市社会治理综合指数

根据党的十九大有关构建共建共治共享社会治理新格局的决策部署，昆明市立足面向南亚、东南亚的区域性国际中心城市建设要求，每年度研判昆明市的社会治理综合指数得分，反映昆明市今后一个时期的社会治理综合指数得分及其变动特点和规律。

一 昆明市社会治理综合指数框架结构

在借鉴了北京市、上海市，尤其是上海浦东新区的社会治理创新指标体系之后，经课题组深入研究，通过运用"头脑风暴""熵权法"，筛选出 36 个指标，并将 36 个指标分为三大维度，进而构建起昆明市社会治理指数的体系结构（见图 3-1）。

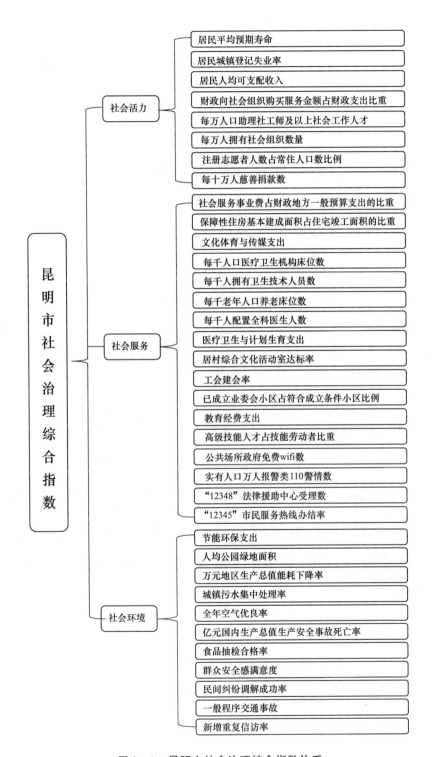

图3-1　昆明市社会治理综合指数体系

二　运用主成分数学建模计算昆明市社会治理综合指数

用主成分数学建模计算昆明市社会治理综合指数的具体步骤和方法如下。

一是对各种变量数据的中心化标准化处理。

在实际进行主成分分析计算时，由于各个变量的实际意义不同，各个变量的量纲单位不一样，各个变量数据的数量级也可能相差很大。所以，在进行主成分分析计算之前，课题组先对各变量的观测数据进行了中心化标准化处理。

所谓中心化标准化处理，就是对每个变量的每个数据，都减去这个变量的样本均值，再除以这个变量的样本标准差。做这样的中心化标准化处理以后，各个变量都变成了无量纲单位的变量，样本均值都等于0，样本标准差都等于1，就不会产生数量级相差悬殊的情况了。

二是进行主成分分析。

对经过中心化标准化处理的数据进行主成分分析，算出各个主成分的贡献率和载荷，其中贡献率最大的就是第1个主成分。将第1个主成分的载荷除以各个变量的样本标准差，就得到了中心化标准化之前的原变量的载荷系数，也就是各个原变量在昆明市社会治理综合指数中的系数。

三是计算昆明市社会治理综合指数得分和昆明市社会治理综合指数百分制得分。

将与各个年份（即各次观测）对应的原变量的数据，乘以这些原变量在昆明市社会治理综合指数中的系数，再加起来，就得到了与各个年份对应的昆明市社会治理综合指数得分。

为了让人更容易看出各个年份昆明市社会治理综合指数得分的大小，课题组还算出了各个年份的昆明市社会治理综合指数百分制得分，具体计算方法如下。

第一步：先求每一个变量（即各个评价指标）在各个年份观测数据中的最大值，将每个变量观测到的最大值乘以这些变量在昆明市社会治理综合指数中的系数，然后加起来，就得到了昆明市社会治理综合指数的百分标准值。

第二步：再将各个年份的昆明市社会治理综合指数得分除以昆明市社会治理综合指数的百分标准值，开平方以后，再乘以100，就得到了各个年份的昆明市社会治理综合指数百分制得分值。

例如，2016年的昆明市社会治理综合指数得分是566.1658507，而昆明市社会治理综合指数的百分标准值是876.8003758，计算可得：

$$\sqrt{566.1658507} \div 876.8003758 \times 100 = 80.36$$

所以，昆明市社会治理综合指数百分制得分就是 80.36 分。

四是计算昆明市社会治理综合指数 2017 年、2018 年对 2016 年的增长率。

算出了昆明市社会治理综合指数 2016 年、2017 年和 2018 年的得分后，为了对各年的得分进行比较，课题组还算出了昆明市社会治理综合指数 2017 年、2018 年对 2016 年的增长率，计算公式如下：

2017 年增长率 =（2017 年百分制得分 ÷ 2016 年百分制得分 - 1）× 100%。

2018 年增长率 =（2018 年百分制得分 ÷ 2016 年百分制得分 - 1）× 100%。

三　昆明市社会治理综合指数得分及变动情况（2016—2018）

昆明市社会治理综合指数 2016 年得分为 80.36 分，2017 年得分为 80.78 分，2018 年得分为 81.03 分，每年度综合指数得分持续上升（见图 3 - 2）。

昆明市社会治理综合指数得分在 2016—2018 年呈稳步上升趋势。以 2016 年为基础进行比较，2017 年社会治理综合指数得分较 2016 年提升了 0.52%，2018

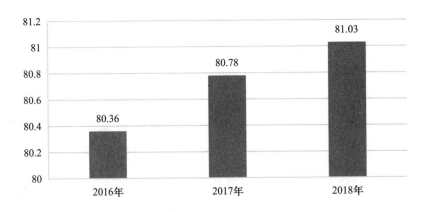

图 3 – 2　2016—2018 年社会治理综合指数得分

年社会治理综合指数得分较 2016 年提升了 0.83%
（见图 3 – 3）。

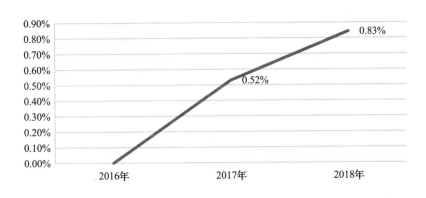

图 3 – 3　社会治理综合指数的增长百分比

四　昆明市社会治理综合指数各指标（2016—2018）变化情况

（一）社会活力

昆明市社会治理主要通过 4 个层面 8 个指标来体

现整个社会治理的生机活力。

1. 第一个层面

1个指标，即居民平均预期寿命，是一个城市、一个地区经济和社会发展水平的综合标志，居民平均预期寿命高标志着该地区具有更高的可持续发展的活力，如2018年日本人均预期寿命已达到84.2岁。

昆明市居民平均预期寿命在2016—2018年呈逐年小幅增长趋势。2017年为78.96岁，较2016年的78.56岁上升了0.51%，2018年为79.01岁，较2016年上升了0.57%（见图3-4）。

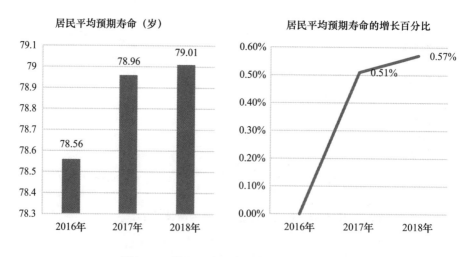

图3-4　居民平均预期寿命及其增长百分比

2. 第二个层面

2个指标，即城镇登记失业率、居民人均可支配收入，反映一个城市、一个地区经济发展的活力、人民的获得感。

（1）城镇登记失业率

昆明市城镇登记失业率在 2016—2018 年呈先下降再上升的变化形式。但总体来看，2017 年、2018 年均低于 2016 年的 3.11%。2017 年为 3%，较 2016 年下降 3.54%，2018 年为 3.09%，较 2017 年上升，但较 2016 年来看是下降了 0.64%（见图 3-5）。

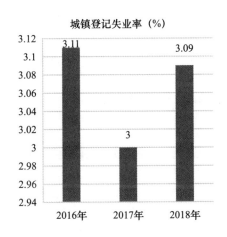

图 3-5　城镇登记失业率及其增长百分比

（2）居民人均可支配收入

昆明市城镇居民人均可支配收入在 2016—2018 年呈逐年增长趋势。2017 年为 39788 元，较 2016 年的 36739 元上升了 8.30%，2018 年为 42988 元，较 2016 年上升了 17.01%（见图 3-6）。

昆明市农村居民人均可支配收入在 2016—2018 年呈逐年增长趋势。2017 年为 13698 元，较 2016 年的

12555 元上升了 9.10%，2018 年为 14895 元，较 2016 年上升了 18.64%（见图 3-7）。

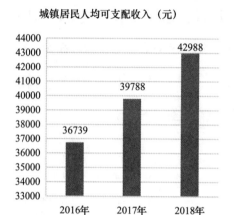

图 3-6 城镇居民人均可支配收入及其增长百分比

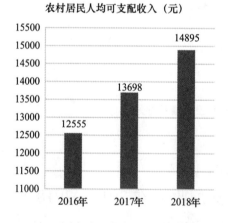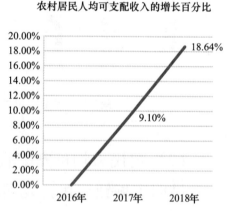

图 3-7 农村居民人均可支配收入及其增长百分比

3. 第三个层面

4 个指标，即财政向社会组织购买服务金额占财政支出比重、每万人口助理社工师及以上社会工作人才、每万人拥有社会组织数量、注册志愿者人数占常住人口数比例，是一个城市、一个地区社会发育程度的重要反映。

（1）财政向社会组织购买服务金额占财政支出比重

昆明市财政向社会组织购买服务金额占财政支出比重在2016—2018年呈先大幅下降再上升的变化形式。2017年为0.52%，较2016年的0.97%大幅下降了46.39%，2018年为1.08%，较2016年上升了11.34%（见图3-8）。

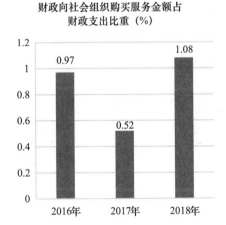

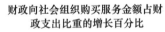

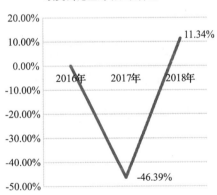

图3-8　财政向社会组织购买服务金额占财政支出比重及其增长百分比

（2）每万人口助理社工师及以上社会工作人才

昆明市每万人口助理社工师及以上社会工作人才

在 2016—2018 年呈逐年大幅增长趋势。2017 年为
1.29 人/万人，较 2016 年的 0.9 人/万人大幅上升了
43.33%，2018 年为 1.76 人/万人，较 2016 年大幅上
升了 95.56%，几乎是 2016 年的 2 倍（见图 3 - 9）。

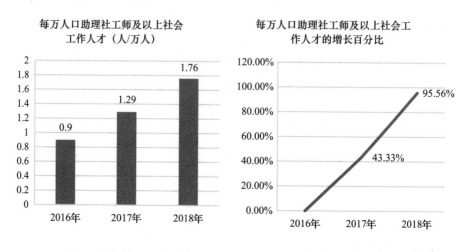

每万人口助理社工师及以上社会
工作人才（人/万人）

每万人口助理社工师及以上社会工
作人才的增长百分比

图 3 - 9　每万人口助理社工师及以上社会工作人才以及增长百分比

（3）每万人拥有社会组织数量

昆明市每万人拥有社会组织数量在 2016—2018 年
呈维持不变的态势，2016 年、2017 年、2018 年均为
7.5 个/万人（见图 3 - 10）。

（4）注册志愿者人数占常住人口数比例

昆明市注册志愿者人数占常住人口数比例在
2016—2017 年维持不变，2018 年有较大幅度增长。
2016 年、2017 年均为 11.06%，2018 年达到 14.18%，
较前两年上升了 28.21%（见图 3 - 11）。

每万人拥有社会组织数量（个/万人）

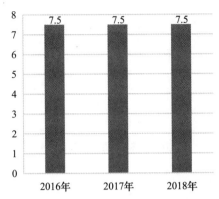

每万人拥有社会组织数量的增长百分比

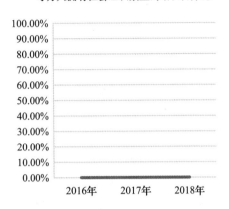

图 3 - 10　每万人拥有社会组织数量及其增长百分比

注册志愿者人数占常住人口数比例（%）

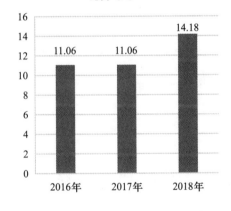

注册志愿者人数占常住人口数比例的增长百分比

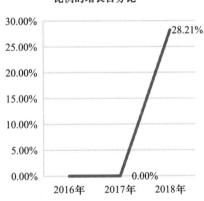

图 3 - 11　注册志愿者人数占常住人口数比例及其增长百分比

4. 第四个层面

1 个指标，即每十万人慈善捐款数，反映的是一个城市、一个地区的人民热心公益、社会奉献、人道关怀精神。

昆明市每十万人慈善捐款数在 2016—2018 年呈逐

年增长趋势。2017 年为 10.72 元/十万人，较 2016 年的 9.28 元/十万人上升了 15.52%，2018 年为 10.73 元/十万人，与 2017 年相近，较 2016 年上升了 15.63%（见图 3 – 12）。

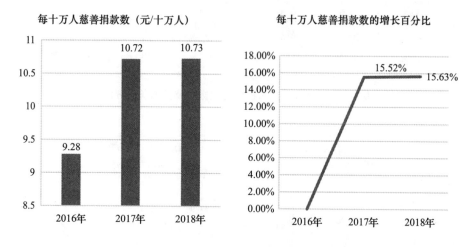

图 3 – 12　每十万人慈善捐款数及其增长百分比

（二）社会服务

昆明市社会治理主要通过 5 个层面 17 个指标来体现整个社会服务水平。

1. 第一个层面

3 个指标，即社会服务事业费占财政地方一般预算支出的比重、保障性住房基本建成面积占住宅竣工面积的比重、文化体育与传媒支出，主要从财政支出方面，反映一个城市、一个地区的产业结构，反映对民生的社会服务、社会事业的关注程度，只有不断加大投入才能提高社会服务水平。

（1）社会服务事业费占财政地方一般预算支出的比重

昆明市社会服务事业费占财政地方一般预算支出的比重在 2016—2018 年呈逐年增长趋势。2017 年为 63.52%，较 2016 年的 57.75% 提升了 9.99%，2018 年为 65.87%，较 2016 年提升了 14.06%（见图 3-13）。

图 3-13　社会服务事业费占财政地方一般预算支出的比重及其增长百分比

（2）保障性住房基本建成面积占住宅竣工面积的比重

昆明市保障性住房基本建成面积占住宅竣工面积的比重在 2016—2018 年呈逐年大幅下降趋势。2017 年为 16%，较 2016 年的 23% 大幅下降了 30.43%，2018 年为 10%，较 2016 年大幅下降 56.52%（见图 3-14）。

（3）文化体育与传媒支出

昆明市文化体育与传媒支出在 2016—2018 年呈逐

年增长趋势。2017 年为 7.4 亿元，较 2016 年的 6.51 亿元上升了 13.67%，2018 年为 8 亿元，较 2016 年上升了 22.89%（见图 3 - 15）。

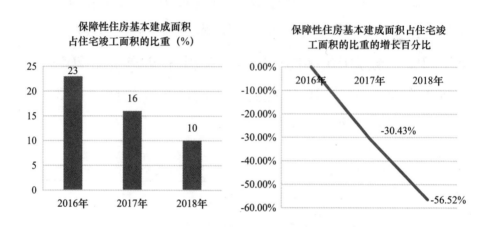

图 3 - 14　保障性住房基本建成面积占住宅竣工面积的比重及其增长百分比

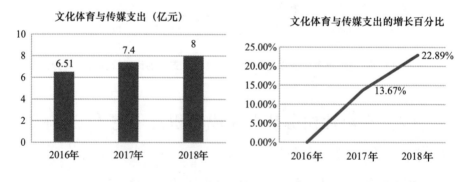

图 3 - 15　文化体育与传媒支出及其增长百分比

2. 第二个层面

5 个指标，即每千人口医疗卫生机构床位数、每千人拥有卫生技术人员数、每千老年人口养老床位数、每千人配置全科医生人数、医疗卫生与计划生育支出，主要从健康层面，反映一个城市、一个地区社会健康的服务水平。

（1）每千人口医疗卫生机构床位数

昆明市每千人口医疗卫生机构床位数在 2016—2018 年呈逐年增长趋势。2017 年为 8.97 张/千人，较 2016 年的 8.59 张/千人上升了 4.42%，2018 年为 9.23 张/千人，较 2016 年上升 7.45%（见图 3 – 16）。

图 3 – 16　每千人口医疗卫生机构床位数及其增长百分比

（2）每千人拥有卫生技术人员数

昆明市每千人拥有卫生技术人员数在 2016—2018 年呈逐年增长趋势。2017 年为 11.2 人/千人，较 2016 年的 10.55 人/千人上升了 6.16%，2018 年为 11.59 人/千人，较 2016 年上升 9.86%（见图 3 – 17）。

（3）每千老年人口养老床位数

昆明市每千老年人口养老床位数在 2016—2018 年

呈逐年增长趋势。2017 年为 35 张/千人，较 2016 年的 31 张/千人上升了 12.90%，2018 年为 39 张/千人，较 2016 年大幅上升 25.81%（见图 3-18）。

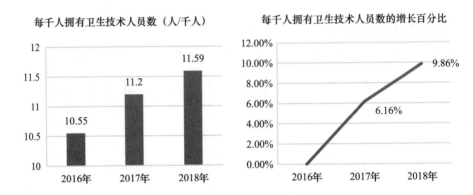

图 3-17　每千人拥有卫生技术人员数及其增长百分比

图 3-18　每千老年人口养老床位数及其增长百分比

（4）每千人配置全科医生人数

昆明市每千人配置全科医生人数在 2016—2018 年

呈逐年增长趋势，且在 2018 年大幅增长。2017 年为 1.63 人/千人，较 2016 年的 1.6 人/千人小幅上升了 1.87%，2018 年为 2.21 人/千人，较 2016 年大幅上升了 38.13%（见图 3 - 19）。

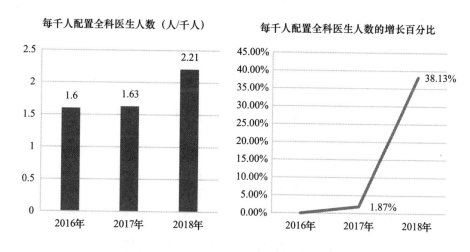

每千人配置全科医生人数（人/千人）

每千人配置全科医生人数的增长百分比

图 3 - 19　每千人配置全科医生人数及其增长百分比

（5）医疗卫生与计划生育支出

昆明市医疗卫生与计划生育支出在 2016—2018 年呈逐年增长趋势。2017 年为 56.82 亿元，较 2016 年的 46.91 亿元上升了 21.13%，2018 年为 62.47 亿元，较 2016 年上升了 33.17%（见图 3 - 20）。

3. 第三个层面

3 个指标，即居村综合文化活动室达标率、工会建会率、已成立业委会小区占符合成立条件小区比例，主要从社区服务、企业服务层面，反映一个城市、一

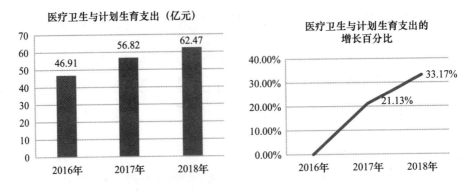

图 3-20　医疗卫生与计划生育支出及其增长百分比

个地区基层的社会文化服务水平以及基层的民主自治管理水平。

（1）居村综合文化活动室达标率

昆明市居村综合文化活动室达标率在 2016—2017 年维持不变，但在 2018 年有大幅增长。2017 年为 26.91%，与 2016 年相同，2018 年为 39.74%，较 2016 年大幅上升了 47.68%（见图 3-21）。

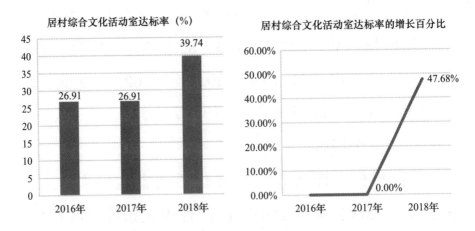

图 3-21　居村综合文化活动室达标率及其增长百分比

（2）工会建会率

昆明市工会建会率在 2016—2017 年呈小幅下降趋势，2018 年与 2017 年相同。2017 年、2018 年均为 98.95%，较 2016 年的 98.96% 小幅下降了 0.01%（见图 3 – 22）。

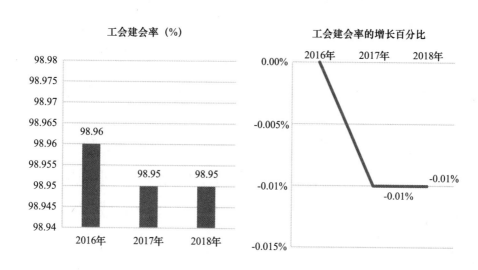

图 3 – 22　工会建会率及其增长百分比

（3）已成立业委会小区占符合成立条件小区比例

昆明市已成立业委会小区占符合成立条件小区比例在 2016—2018 年呈先下降再大幅上升的变化形式。2017 年为 8.8%，较 2016 年的 9.8% 下降了 10.20%，2018 年为 14.47%，较 2016 年大幅上升了 47.65%（见图 3 – 23）。

4. **第四个层面**

2 个指标，即教育经费支出、高级技能人才占技

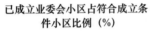

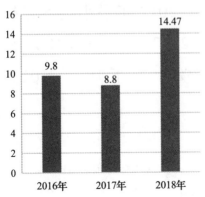

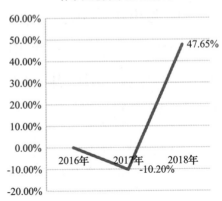

图 3-23 已成立业委会小区占符合成立条件小区比例及其增长百分比

能劳动者比重，主要从教育的投入层面，反映一个城市、一个地区社会教育事业的发展水平，同时从高级技能人才占技能劳动者的比重可看出一个城市、一个地区社会人才的合理结构及其对该地区产业发展的贡献度。

（1）教育经费支出

昆明市教育经费支出在 2016—2018 年呈逐年增长趋势。2017 年为 118.17 亿元，较 2016 年的 109.11 亿元上升了 8.30%，2018 年为 130.05 亿元，较 2016 年上升了 19.19%（见图 3-24）。

（2）高级技能人才占技能劳动者比重

昆明市高级技能人才占技能劳动者比重在 2016—2018 年呈先上升再下降的变化形式。但总体来看，2017 年、2018 年均高于 2016 年。2017 年为 19.63%，较 2016 年的 18.83% 上升了 4.25%，2018 年为 19.42%，较 2017 年小幅下降，但较 2016 年上升了 3.13%（见图 3 – 25）。

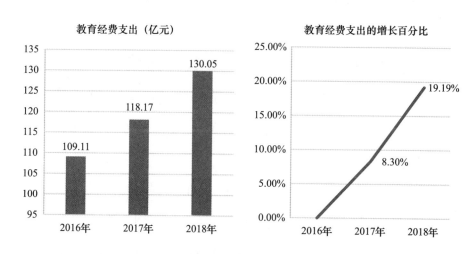

图 3 – 24　教育经费支出及其增长百分比

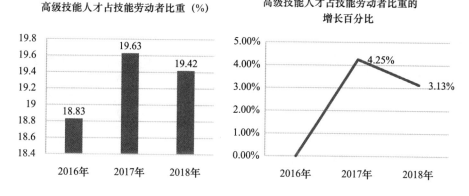

图 3 – 25　高级技能人才占技能劳动者比重及其增长百分比

5. 第五个层面

4 个指标，即公共场所政府免费 wifi 数（区域数）、实有人口万人报警类110警情数、"12348"法律援助中心受理数、"12345"市民服务热线办结率，一是反映一个城市、一个地区社会信息化的水平，二是反映整个社会的安全程度，三是反映社会法律援助的力度和成效。

（1）公共场所政府免费 wifi 数（区域数）

昆明市公共场所政府免费 wifi 数（区域数）在2018年为367个，由于无2016年及2017年数据，无法做对比。

（2）实有人口万人报警类110警情数

昆明市实有人口万人报警类110警情数在2016—2017年呈上升状态，2018年与2017年相同。2017年、2018年均为0.17起，较2016年的0.15起上升了13.33%（见图3-26）。

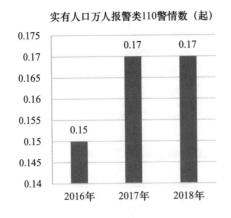

图3-26　实有人口万人报警类110警情数及其增长百分比

（3）"12348"法律援助中心受理数

昆明市"12348"法律援助中心受理数在2016—2018年呈先下降后小幅上升趋势。2017年为5931万件，较2016年的7369万件大幅下降了19.51%，2018年为5952万件，与2017年相近，较2016年下降了19.23%（见图3-27）。

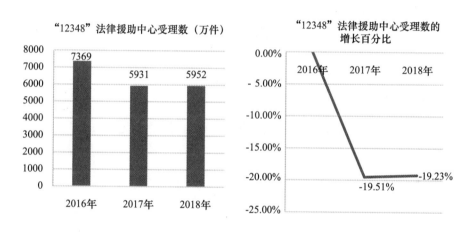

图3-27 "12348"法律援助中心受理数及其增长百分比

（4）"12345"市民服务热线办结率

昆明市"12345"市民服务热线办结率在2016—2018年均为99%，无变化幅度。

（三）社会环境

昆明市社会治理主要通过2个层面11个指标来体现整个社会环境的环境保护、安全稳定程度。

1. 第一个层面

5 个指标，即节能环保支出、人均公园绿地面积、万元地区生产总值能耗下降率、城镇污水集中处理率、全年空气优良率，主要从对环境保护、绿色节能方面的投入以及成效方面反映一个城市、一个地区良好的社会环境。

（1）节能环保支出

昆明市节能环保支出在 2016—2018 年呈先大幅上升再下降的变化趋势，但相较于 2016 年，2017 年及 2018 年的节能环保支出均有所提高。2017 年为 36.29 亿元，较 2016 年的 22.35 亿元大幅上升了 62.37%，2018 年为 25.39 亿元，较 2017 年有所下降，但相较 2016 年上升了 13.60%（见图 3 - 28）。

图 3 - 28　节能环保支出及其增长百分比

（2）人均公园绿地面积

昆明市人均公园绿地面积在 2016—2018 年呈逐年

增长趋势。2017 年为 11.02 平方米/人，较 2016 年的 10.93 平方米/人上升了 0.82%，2018 年为 11.35 平方米/人，较 2016 年上升了 3.84%（见图 3 – 29）。

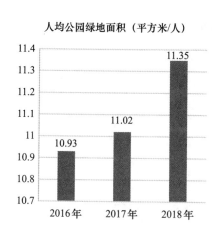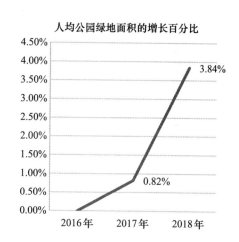

图 3 – 29　人均公园绿地面积及其增长百分比

（3）万元地区生产总值能耗下降率

昆明市万元地区生产总值能耗下降率在 2016—2018 年呈先下降再上升的变化趋势，但总体来看，2017 年、2018 年均较 2016 年有所下降。2017 年为 4.74%，较 2016 年的 10.34% 大幅下降了 54.16%，2018 年为 7%，较 2017 年有所上升，但较 2016 年还是下降了 32.30%（见图 3 – 30）。

（4）城镇污水集中处理率

昆明市城镇污水集中处理率在 2016—2017 年呈上升趋势，2018 年与 2017 年相同。2017 年、2018 年均为 95.06%，较 2016 年的 92.37% 上升了 2.91%（见

图 3 - 31）。

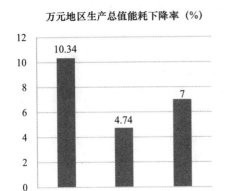

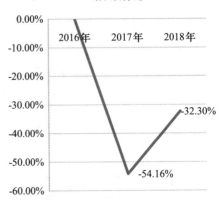

图 3 - 30　万元地区生产总值能耗下降率及其增长百分比

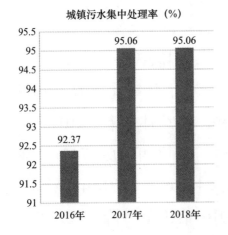

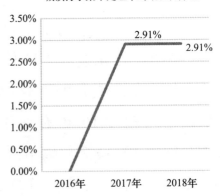

图 3 - 31　城镇污水集中处理率及其增长百分比

（5）全年空气优良率

昆明市全年空气优良率在 2016—2018 年呈先下降再上升的变化趋势。2017 年为 98.6%，较 2016 年的

98.9%小幅下降了0.30%，2018年全年空气优良率为98.9%，上升到与2016年一致（见图3－32）。

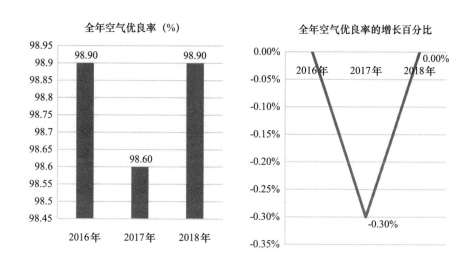

图3－32　全年空气优良率及其增长百分比

2. 第二个层面

6个指标，即亿元国内生产总值生产安全事故死亡率、食品抽检合格率、群众安全感满意度、民间纠纷调解成功率、一般程序交通事故、新增重复信访率，主要从生产安全、食品安全、出行安全以及人民群众满意度、社会稳定方面反映一个城市、一个地区的社会环境治理成效。

（1）亿元国内生产总值生产安全事故死亡率

昆明市亿元国内生产总值生产安全事故死亡率在2016—2018年呈逐年下降趋势。2017年为0.09%，较2016年的0.10%下降了10.00%，2018年为0.08%，较 2016 年下降了 20.00%（见图 3 - 33）。

（2）食品抽检合格率

昆明市食品抽检合格率在 2016—2018 年呈先上升再下降的变化趋势，但相较于 2016 年，2017 年及 2018 年的食品抽检合格率均有所提高。2017 年为 97.99%，较 2016 年的 97.6% 上升了 0.40%，2018 年为 97.7%，较 2017 年有所下降，但相较 2016 年上升了 0.10%（见图 3 - 34）。

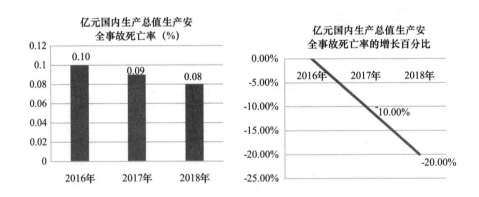

图 3 - 33　亿元国内生产总值生产安全事故死亡率及其增长百分比

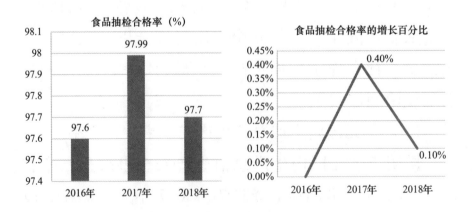

图 3 - 34　食品抽检合格率及其增长百分比

（3）群众安全感满意度

昆明市群众安全感满意度在2016—2018年呈先下降再上升的变化趋势。2017年为85%，较2016年的88.76%下降了4.24%，2018年为91.62%，较2016年上升了3.22%（见图3-35）。

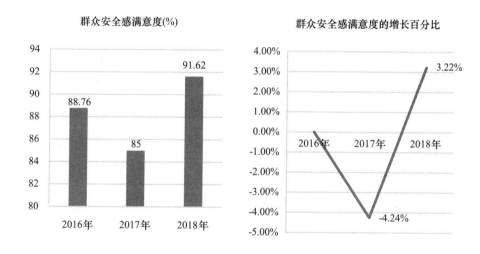

图3-35 群众安全感满意度及其增长百分比

（4）民间纠纷调解成功率

昆明市民间纠纷调解成功率在2016—2018年呈先上升后下降趋势，但总体来看，2017年、2018年均较2016年有所提高。2017年为99.56%，较2016年的99.45%提高了0.11%，2018年为99.51%，较2017年小幅下降，但较2016年提高了0.06%（见图3-36）。

（5）一般程序交通事故

昆明市一般程序交通事故在2016—2018年呈先下

图 3 - 36　民间纠纷调解成功率及其增长百分比

降后上升的趋势。2017 年为 1514 起，较 2016 年的 1727 起下降了 12.33%，2018 年为 1675 起，较 2016 年下降了 3.01%（见图 3 - 37）。

图 3 - 37　一般程序交通事故及其增长百分比

（6）新增重复信访率

昆明市新增重复信访率在 2016—2018 年呈先下降后上升趋势，但总体来看，2017 年、2018 年均较 2016 年有所下降。2017 年为 20%，较 2016 年的 26% 下降了 23.08%，2018 年为 22%，较 2017 年小幅上升，但较 2016 年下降了 15.38%（见图 3 - 38）。

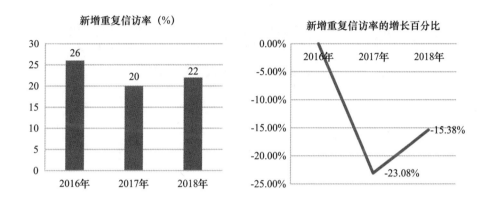

图 3 - 38　新增重复信访率及其增长百分比

第四章 昆明市社会治理若干指标比较分析

在分析了昆明市社会治理综合指数得分以及社会治理指数 36 个指标的 2016—2018 年度变化情况之后，为进一步把握昆明市社会治理的水平，本章以昆明市社会治理若干指标与国内 31 个省会城市、37 个华东地区地级城市、北上广深、重庆成都贵阳以及上海浦东新区分别做比较分析。

一 昆明市与全国省会城市比较

为了增加可比性，将昆明市 2016 年的"城镇居民人均可支配收入""农村居民可支配收入""城镇污水集中处理率""每千人口医疗卫生机构床位数""人均公园绿地面积"5 个社会治理指标数据与《2017 中国省市经济发展年鉴》《2017 年中国城市统计年鉴》《2017 年国民经济和社会发展统计公报》中的全国 31 个省会城市 2016 年相关数据进行比较，以此反映昆明市相较全国省会城市的社会治理水平。

从比较结果看，5 个指标数据中，昆明有 1 项指标高于 31 个省会城市平均值："每千人口医疗卫生机构床位数"；有 4 项指标低于 31 个省会城市平均值："人均公园绿地面积""农村居民人均可支配收入""城镇污水集中处理率""城镇居民人均可支配收入"。

31 个省会城市包括：北京、天津、石家庄、太原、呼和浩特、沈阳、长春、哈尔滨、上海、南京、杭州、合肥、福州、南昌、济南、郑州、武汉、长沙、广州、南宁、海口、重庆、成都、贵阳、昆明、拉萨、西安、兰州、西宁、银川、乌鲁木齐。

（一）社会活力、社会服务的比较

1. 每千人口医疗卫生机构床位数

昆明市 2016 年每千人口医疗卫生机构床位数为 8.59 张/千人，31 个省会城市的平均值为 7.42 张/千人，昆明市较 31 个省会城市平均值高出 1.17 张/千人，在 31 个省会城市中排名第 10（见图 4-1）。

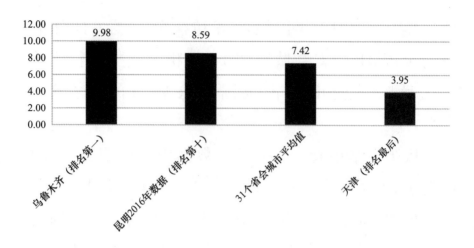

图4-1 每千人口医疗卫生机构床位数（张/千人）

2. 城镇居民人均可支配收入

昆明市 2016 年城镇居民人均可支配收入为 36739 元，31 个省会城市的平均值为 37149.32 元，昆明市较 31 个省会城市平均值低 410.32 元，在 31 个省会城市中排名第 13（见图 4-2）。

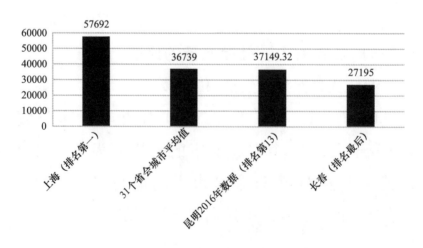

图4-2 城镇居民人均可支配收入（元）

3. 农村居民人均可支配收入

昆明市 2016 年农村居民人均可支配收入为 12555 元，低于 31 个省会城市的平均值 16219.42 元，昆明市较 31 个省会城市平均值低 3664.42 元，在 31 个省会城市中排名第 24（见图 4 - 3）。

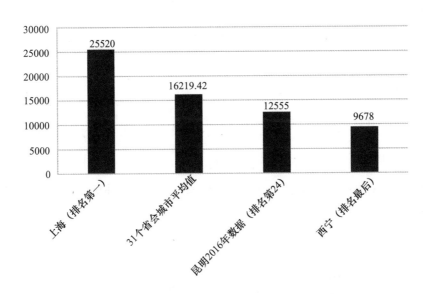

图 4 - 3　农村居民人均可支配收入（元）

（二）社会环境的比较

1. 人均公园绿地面积

昆明市 2016 年人均公园绿地面积 10.93 平方米/人，低于 31 个省会城市的平均值 13.01 平方米/人，昆明市较 31 个省会城市平均值低 2.08 平方米/人，在 31 个省会城市中排名第 23（见图 4 - 4）。

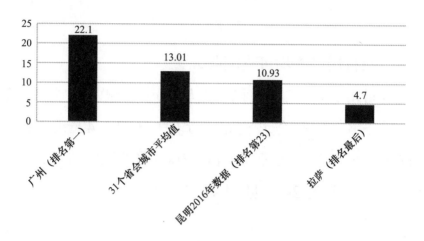

图 4 - 4　人均公园绿地面积（平方米／人）

2. 城镇污水集中处理率

昆明市 2016 年城镇污水集中处理率为 92.37%，低于 31 个省会城市的平均值 93.57%，昆明市较 31 个省会城市平均值低 1.2%，在 31 个省会城市中排名第 23（见图 4 - 5）。

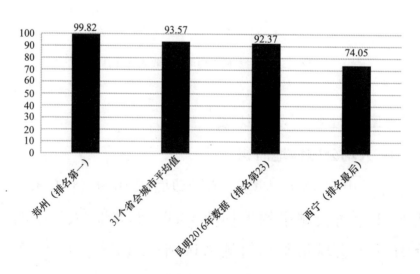

图 4 - 5　城镇污水集中处理率（%）

二　昆明市与 37 个华东地区
地级城市比较

为了增加可比性，将昆明市 2016 年的"每千人口医疗卫生机构床位数""城市污水处理率""人均公园绿地面积"等 7 个指标数据与《2017 年中国省市经济发展年鉴》《2017 年中国城市统计年鉴》《2017 年国民经济和社会发展统计公报》中的 37 个华东地区地级市 2016 年相关数据进行比较，以此反映昆明市相较于华东地区地级市的社会治理水平。

从比较结果看，7 个指标数据中，昆明有 1 项指标高于 37 个华东地区地级城市平均值："全年空气优良率"；有 6 项指标低于 37 个华东地区地级城市平均值："每千人口医疗卫生机构床位数""每千人配置全科医生人数""人均公园绿地面积""农村居民人均可支配收入""城镇居民人均可支配收入""城市污水处理率"。

37 个华东地区地级城市包括：江苏省的南京市、无锡市、徐州市、苏州市、南通市、连云港市、扬州市、镇江市；浙江省的杭州市、宁波市、温州市、绍兴市、金华市；安徽省的合肥市、芜湖市、蚌埠市、淮南市、马鞍山市、黄山市；福建省的福州市、厦门市、莆田市、泉州市、漳州市；江西省的南昌市、景德镇市、萍乡市、九江市、赣州市、吉安市、宜春市；山东省的济南市、青岛市、淄博市、烟台市、泰安市、威海市。

（一）社会活力、社会服务的比较

1. 每千人口医疗卫生机构床位数

昆明市 2016 年每千人口医疗卫生机构床位数为 8.59 张/千人，华东地区 37 个地级市的平均值为 15.75 张/千人，昆明市与华东地区 37 个地级市的平均值相差 7.16 张/千人，昆明市的该指标水平相较于华东地区地级市较为落后（见图 4 - 6）。

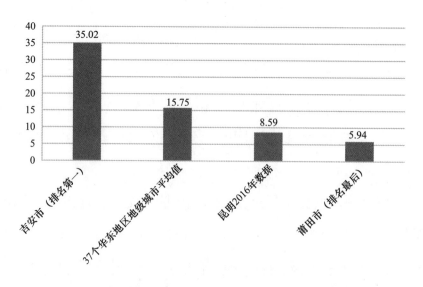

图 4 - 6　每千人口医疗卫生机构床位数（张/千人）

2. 每千人配置全科医生人数

昆明市 2016 年每千人配置全科医生人数为 1.6 人/千人，远远低于华东地区 37 个地级市的平均值 7.63 人/千人，还不到平均值的 1/3。昆明市与华东地区平均值相差 6.03 人/千人，该指标水平远远落后于华东地区 37 个地级市（见图 4 - 7）。

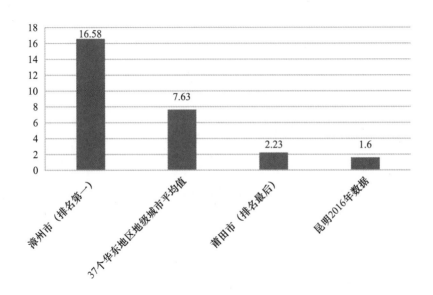

图 4 - 7　每千人配置全科医生人数（人/千人）

3. 城镇居民人均可支配收入

昆明市 2016 年城镇居民人均可支配收入为 36739 元，低于华东地区 37 个地级市的平均值 37419.24 元，昆明市的该指标相较于华东地区 37 个地级市处于中等偏下水平，较华东地区平均值低 680.24 元（见图 4 - 8）。

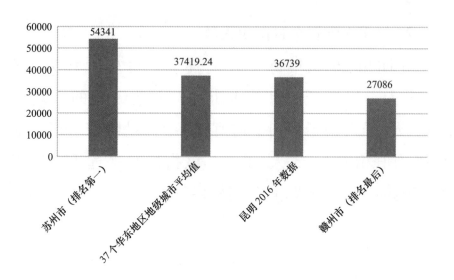

图 4 - 8　城镇居民人均可支配收入（元）

4. 农村居民人均可支配收入

昆明市 2016 年农村居民人均可支配收入为 12555 元，低于华东地区 37 个地级市的平均值 17171.27 元，昆明市的该指标水平相较于华东地区地级市较为落后，与华东地区平均值相差 4616.27 元（见图 4 - 9）。

（二）社会环境的比较

1. 城市污水处理率

昆明市 2016 年城市污水处理率为 92.37%，低于华东地区 37 个地级市的平均值 93.71%，昆明市较华东地区平均值低 1.34%，处于中等偏下水平（见图 4 - 10）。

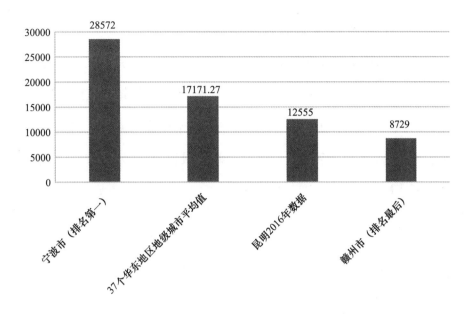

图 4-9　农村居民人均可支配收入（元）

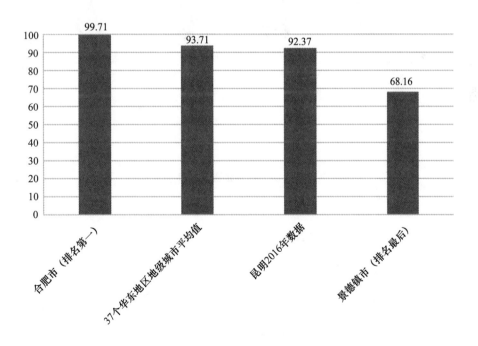

图 4-10　城市污水处理率（%）

2. 人均公园绿地面积

昆明市 2016 年人均公园绿地面积为 10.93 平方米/人，低于华东地区 37 个地级市的平均值 15.24 平方米/人。昆明市与华东地区平均值相差 4.31 平方米/人，仅高于排名最后的萍乡市 10.6 平方米/人（见图 4 – 11）。

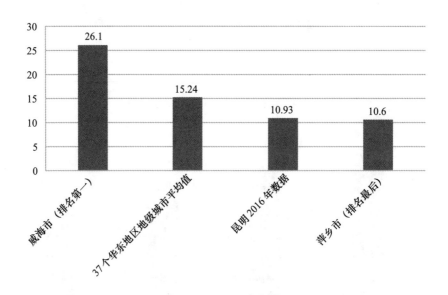

图 4 – 11　人均公园绿地面积（平方米/人）

3. 全年空气优良率

昆明市 2016 年全年空气优良率为 98.90%，远高于华东地区 37 个地级市的平均值 78.23%，昆明市的该指标相较于华东地区地级市处于较为领先水平，较华东地区平均值高出 20.67%（见图 4 – 12）。

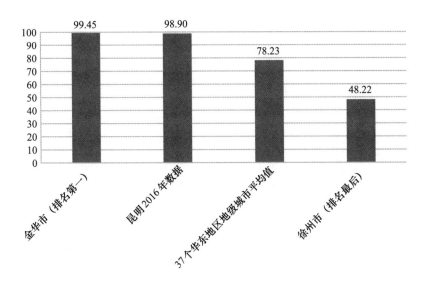

图 4 - 12 全年空气优良率（%）

三 昆明市与北上广深比较

为了找到差距，明确昆明市社会治理的短板，将昆明市 2017 年的"每千人口医疗卫生机构床位数"等 8 个社会治理指标数据与《2018 年中国统计年鉴》《2017 年国民经济和社会发展统计公报》的北京、上海、广州、深圳 2017 年相关数据进行比较，以此反映昆明市与北上广深社会治理水平的差距。

从比较结果看，8 个指标数据中，昆明有 5 个指标相较于北上广深处于较为领先的水平："每千人口医疗卫生机构床位数""每千人拥有卫生技术人员数""每千老年人口养老床位数"，"全年空气优良率"高于广州、深圳，"城镇登记失业率"则高于广州、深圳、北京；有 3 个指标较为落后："城镇居民人均可支配收入""农村居民人均可支配收入"落后于北上广深，"人均公园绿地面积"仅高于上海。

（一）社会服务的比较

1. 每千人口医疗卫生机构床位数

昆明市 2017 年每千人口医疗卫生机构床位数为 8.97 张/千人，领先北京、广州、深圳，仅次于上海的 9.46 张/千人，较上海低 0.49 张/千人（见图 4 - 13）。

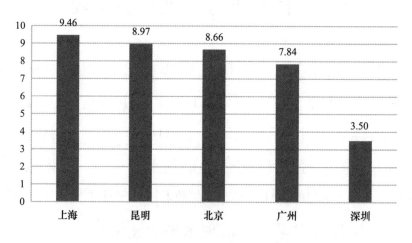

图 4 - 13　每千人口医疗卫生机构床位数（张/千人）

2. 每千人拥有卫生技术人员数

昆明市 2017 年每千人拥有卫生技术人员数为 11.2 人/千人，领先上海、深圳，低于广州、北京，较广州低 1.4 人/千人（见图 4 - 14）。

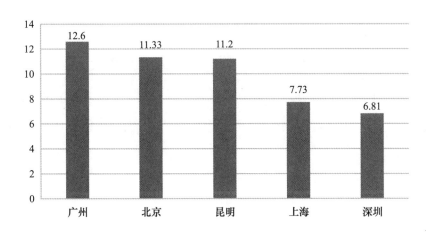

图 4 - 14　每千人拥有卫生技术人员数（人/千人）

3. 每千老年人口养老床位数

昆明市 2017 年每千老年人口养老床位数为 35 张/千人，领先于深圳、上海、广州，仅次于北京的 39.58 张/千人，较北京低 4.58 张/千人（见图 4 - 15）。

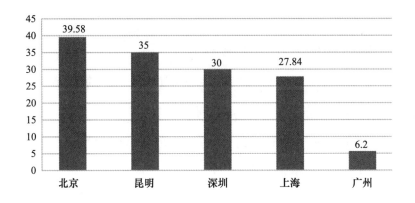

图 4 - 15　每千老年人口养老床位数（张/千人）

（二）社会活力的比较

1. 城镇居民人均可支配收入

昆明市 2017 年城镇居民人均可支配收入为 39788 元，落后于上海、北京、广州、深圳，且相差较大。昆明较上海的 62595.7 元低了 22807.7 元（见图 4 - 16）。

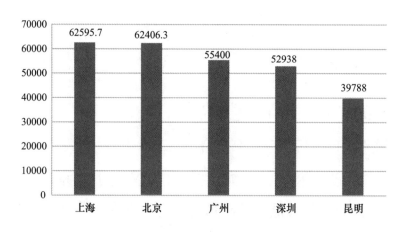

图 4 - 16　城镇居民人均可支配收入（元）

2. 农村居民人均可支配收入

昆明市 2017 年农村居民人均可支配收入为 13698 元，落后于上海、北京、广州，且相差较大。昆明较上海的 27825 元低了 14127 元（见图 4 - 17）。

3. 城镇登记失业率

昆明市 2017 年城镇登记失业率为 3%，高于广州、深圳、北京，仅次于上海的 3.9%，昆明低于上海

0.9%（见图 4 - 18）。

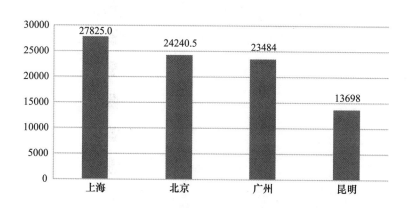

图 4 - 17　农村居民人均可支配收入（元）

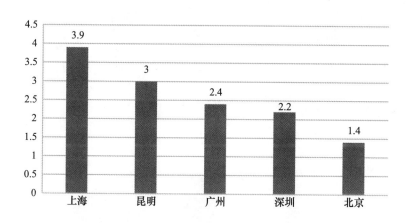

图 4 - 18　城镇登记失业率（%）

（三）社会环境的比较

1. 人均公园绿地面积

昆明市 2017 年人均公园绿地面积为 11.02 平方米/人，落后于深圳、广州、北京，但优于上海。昆明较深圳的 17.56 平方米/人低了 6.54 平方米/人（见图 4 - 19）。

2. 全年空气优良率

昆明市 2017 年全年空气优良率为 98.60％，优于深圳、广州。昆明较深圳的 94.00％ 高出 4.60％（见图 4－20）。

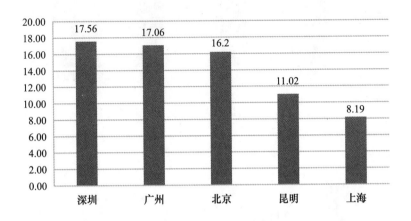

图 4－19　人均公园绿地面积（平方米/人）

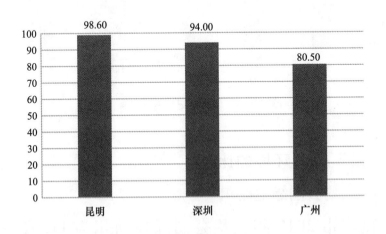

图 4－20　全年空气优良率（％）

注：广州、深圳的数据来源于 2017 年当地发布的国民经济和社会发展统计公报；深圳"全年空气优良率"的数据来源于《2017 年度深圳市环境状况公报》；广州"全年空气优良率"的数据来源于《2017 年广州市环境质量状况公报》。

四　昆明市与重庆、成都、贵阳比较

重庆、成都、贵阳与昆明同为西南地区发达城市，将昆明市 2017 年的"每千人口医疗卫生机构床位数"等 8 个社会治理指标数据与《2018 年中国统计年鉴》《2017 年国民经济和社会发展统计公报》中的重庆、成都、贵阳 2017 年相关数据进行比较，有利于反映昆明市与周边发达城市的社会治理水平的差距。

从比较结果看，8 个指标数据中，昆明有 5 个指标领先于重庆、成都、贵阳："每千人口医疗卫生机构床位数""每千人拥有卫生技术人员数""每千老年人口养老床位数""城镇居民人均可支配收入""全年空气优良率"；有 3 个指标低于重庆、成都、贵阳："农村居民人均可支配收入""城镇登记失业率""人均公园绿地面积"。

（一）社会服务的比较

1. 每千人口医疗卫生机构床位数

昆明市 2017 年每千人口医疗卫生机构床位数为 8.97 张/千人，领先于成都、重庆、贵阳，较成都高出 0.56 张/千人（见图 4 - 21）。

2. 每千人拥有卫生技术人员数

昆明市2017年每千人拥有卫生技术人员数为11.2人/千人，领先于贵阳、成都、重庆，较贵阳高出0.28人/千人（见图4-22）。

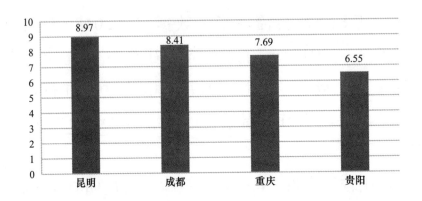

图4-21　每千人口医疗卫生机构床位数（张/千人）

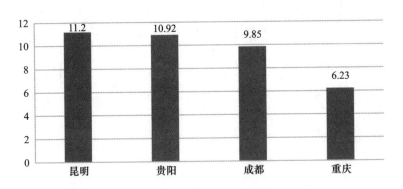

图4-22　每千人拥有卫生技术人员数（人/千人）

3. 每千老年人口养老床位数

昆明市2017年每千老年人口养老床位数为35张/千人，领先于重庆、贵阳、成都，较重庆高出9.54

张/千人（见图 4 - 23）。

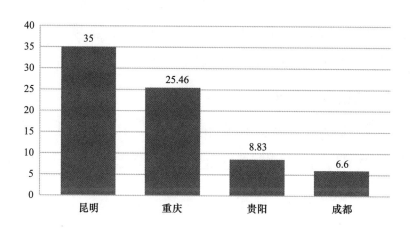

图 4 - 23　每千老年人口养老床位数（张/千人）

（二）社会活力的比较

1. 城镇居民人均可支配收入

昆明市 2017 年城镇居民人均可支配收入为 39788 元，领先于成都、重庆、贵阳，较成都高出 870 元（见图 4 - 24）。

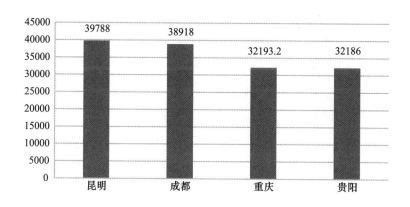

图 4 - 24　城镇居民人均可支配收入（元）

2. 农村居民人均可支配收入

昆明市 2017 年农村居民人均可支配收入为 13698 元，落后于成都、贵阳，但高于重庆。昆明与成都相差较大，达到 6600 元（见图 4 – 25）。

3. 城镇登记失业率

昆明市 2017 年城镇登记失业率为 3%，低于重庆、成都、贵阳，昆明城镇登记失业率较重庆低了 0.4%（见图 4 – 26）。

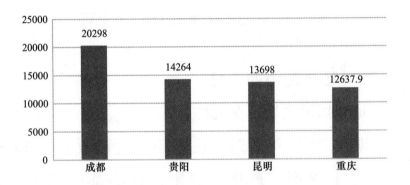

图 4 – 25　农村居民人均可支配收入（元）

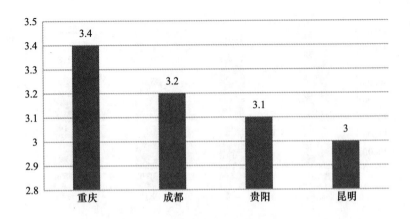

图 4 – 26　城镇登记失业率（%）

（三）社会环境的比较

1. 人均公园绿地面积

昆明市 2017 年人均公园绿地面积为 11.02 平方米/人，落后于重庆、成都、贵阳。昆明较重庆的 17.05 平方米/人低了 6.03 平方米/人（见图 4 – 27）。

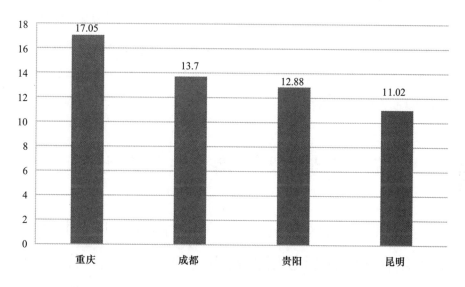

图 4 – 27　人均公园绿地面积（平方米/人）

2. 全年空气优良率

昆明市 2017 年全年空气优良率为 98.60%，优于贵阳、成都。昆明较贵阳的 95.10% 高出 3.50%（见图 4 – 28）。

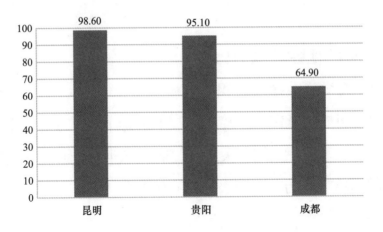

图 4 - 28　全年空气优良率（%）

注：贵阳、成都的数据来源于 2017 年当地发布的国民经济和社会发展统计公报；重庆的数据来源于 2018 年《中国统计年鉴》；成都"全年空气优良率"的数据来源于《2017 年成都市环境质量公报》。贵阳的"全年空气优良率"的数据来源于《贵阳市 2017 年环境状况公报》。

五　昆明市与上海浦东新区比较

上海浦东新区是全国改革开放的排头兵，其 2018 年社会治理的指标数据也较为全面，现将昆明市 2018 年的"居民平均预期寿命"等 25 个社会治理指标数据与上海浦东新区 2018 年相关数据进行比较，以此反映昆明市与浦东新区的社会治理水平的差距。

从比较结果看，25 个指标数据中，昆明有 11 个指标优于浦东新区："社会服务事业费占财政地方一般预算支出的比重""教育经费支出""每千人口医疗卫生机构床位数""每千人拥有卫生技术人员数""每千人

配置全科医生人数""工会建会率""注册志愿者人数
占常住人口数比例""亿元国内生产总值生产安全事
故死亡率""人均公园绿地面积""城镇污水集中处理
率""全年空气优良率";有 14 个指标低于浦东新区:
"保障性住房基本建成面积占住宅竣工面积的比重"
"高级技能人才占技能劳动者比重""居民平均预期寿
命""城镇登记失业率""居民人均可支配收入""居
村综合文化活动室达标率""公共场所政府免费 wifi 数
(区域数)""财政向社会组织购买服务金额占财政支
出比重""每万人口助理社工师及以上社会工作人才"
"每万人拥有社会组织数量""已成立业委会小区占符
合成立条件小区比例"" '12345' 市民服务热线办结
率""食品抽检合格率""每十万人慈善捐款数"。

(一) 社会活力的比较

1. 居民平均预期寿命

昆明市 2018 年居民平均预期寿命为 79. 01 岁,低
于浦东新区的 84. 28 岁,昆明市较浦东新区低 5. 27 岁
(见图 4 - 29)。

2. 城镇登记失业率

昆明市 2018 年城镇登记失业率为 3. 09%,低于浦
东新区的 3. 90%,昆明市较浦东新区低 0. 81% (见
图 4 - 30)。

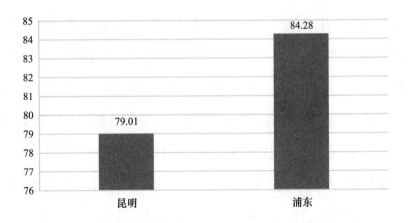

图 4 - 29　居民平预期望寿命（岁）

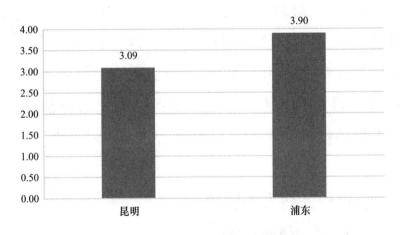

图 4 - 30　城镇登记失业率（%）

3. 居民人均可支配收入

昆明市 2018 年居民人均可支配收入为 4. 30 万元（昆明市数据为城镇居民人均可支配收入），低于浦东新区的 6. 62 万元，昆明市较浦东新区低 2. 32 万元（见图 4 - 31）。

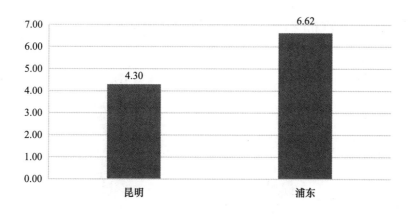

图 4 - 31　居民人均可支配收入（万元）

4. 财政向社会组织购买服务金额占财政支出比重

昆明市 2018 年财政向社会组织购买服务金额占财政支出比重为 1.08%，低于浦东新区的 1.96%，昆明市较浦东新区低 0.88%（见图 4 - 32）。

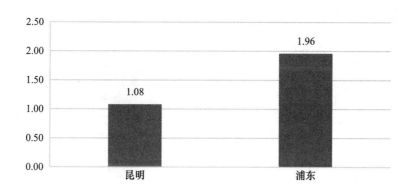

图 4 - 32　财政向社会组织购买服务金额占财政支出比重（%）

5. 每万人口助理社工师及以上社会工作人才

昆明市 2018 年每万人口助理社工师及以上社会工作人才为 1.76 人/万人，远低于浦东新区的 11.00 人/万人，昆明市较浦东新区低9.24人/万人（见图4-33）。

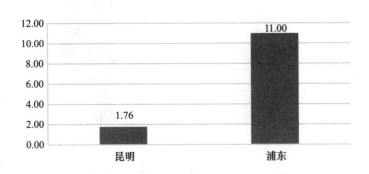

图4-33　每万人口助理社工师及以上社会工作人才（人/万人）

6. 每万人拥有社会组织数量

昆明市 2018 年每万人拥有社会组织数量为 7.50 个/万人，远低于浦东新区的 2262 个/万人，昆明市较浦东新区低 2254.5 个/万人（见图4-34）。

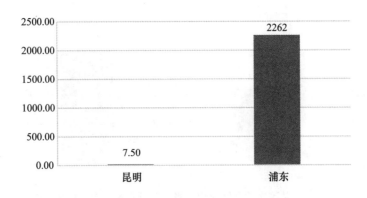

图4-34　每万人拥有社会组织数量（个/万人）

7. 注册志愿者人数占常住人口数比例

昆明市 2018 年注册志愿者人数占常住人口数比例

为 14.18%，远高于浦东新区的 0.10%，两者相差 14.08%（见图 4-35）。

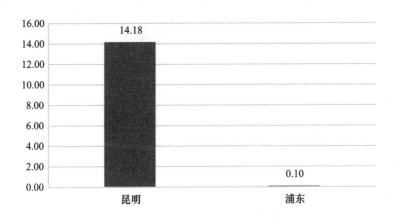

图 4-35　注册志愿者人数占常住人口数比例（％）

8. 每十万人慈善捐款数

昆明市 2018 年每十万人慈善捐款数为 10.73 元/十万人，低于浦东新区的 18.26 元/十万人，昆明市较浦东新区低 7.53 元/十万人（见图 4-36）。

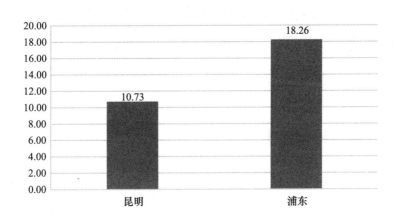

图 4-36　每十万人慈善捐款数（元/十万人）

（二）社会服务的比较

1. 社会服务事业费占财政地方一般预算支出的比重

昆明市 2018 年社会服务事业费占财政地方一般预算支出的比重为 65.87%，远高于浦东新区的 3.91%，两者相差 61.96%（见图 4-37）。

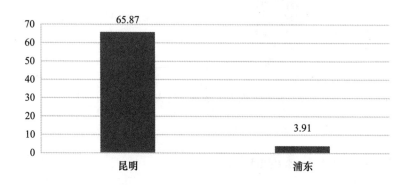

图 4-37   社会服务事业费占财政地方一般预算支出的比重（%）

2. 保障性住房基本建成面积占住宅竣工面积的比重

昆明市 2018 年保障性住房基本建成面积占住宅竣工面积的比重为 10.00%，远低于浦东新区的 41.52%，昆明市较浦东新区低 31.52%（见图 4-38）。

3. 教育经费支出

昆明市 2018 年教育经费支出为 130.05 亿元，高于浦东新区的 121.86 亿元，两者相差 8.19 亿元（见图 4-39）。

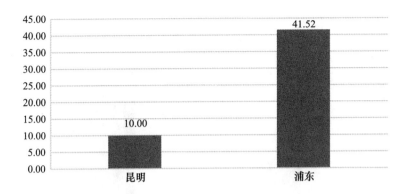

图 4 - 38　保障性住房基本建成面积占住宅竣工面积的比重（%）

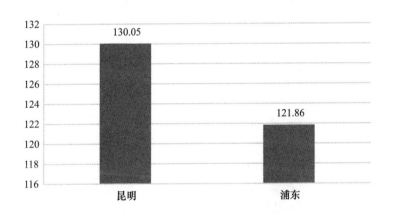

图 4 - 39　教育经费支出（亿元）

4. 高级技能人才占技能劳动者比重

昆明市 2018 年高级技能人才占技能劳动者比重为
19.42%，低于浦东新区的 33.01%，昆明市较浦东新
区低 13.59%（见图 4 - 40）。

5. 每千人口医疗卫生机构床位数

昆明市 2018 年每千人口医疗卫生机构床位数为
9.23 张/千人，高于浦东新区的 4.1 张/千人，两者相差 5.13 张/千人（见图 4 - 41）。

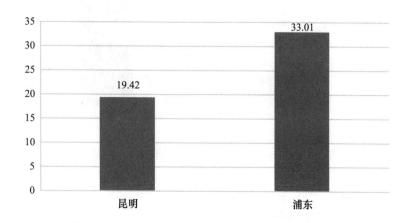

图 4 - 40　高级技能人才占技能劳动者比重（％）

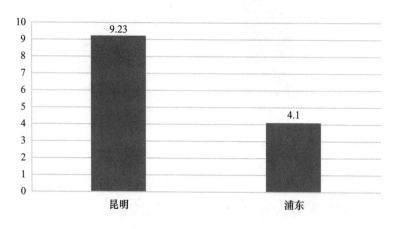

图 4 - 41　每千人口医疗卫生机构床位数（张/千人）

6. 每千人拥有卫生技术人员数

昆明市 2018 年每千人拥有卫生技术人员数为 11.59 人/千人，高于浦东新区的 5.69 人/千人，两者相差 5.9 人/千人（见图 4 - 42）。

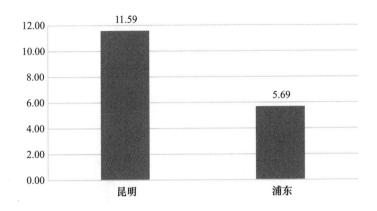

图 4 - 42　每千人拥有卫生技术人员数（人/千人）

7. 每千人配置全科医生人数

昆明市 2018 年每千人配置全科医生人数为 2.21 人/千人，远高于浦东新区的 0.31 人/千人，两者相差 1.9 人/千人（见图 4 - 43）。

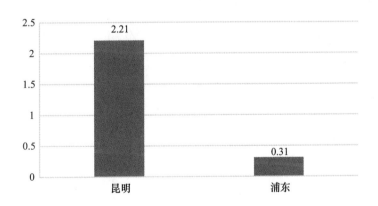

图 4 - 43　每千人配置全科医生人数（人/千人）

8. 居村综合文化活动室达标率

昆明市 2018 年居村综合文化活动室达标率为

39.74%，远低于浦东新区的100%，昆明市较浦东新区低60.26%（见图4-44）。

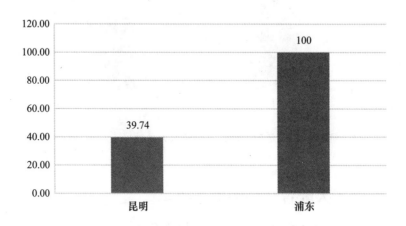

图4-44　居村综合文化活动室达标率（%）

9. 工会建会率

昆明市2018年工会建会率为98.95%，高于浦东新区的76.00%，两者相差22.95%（见图4-45）。

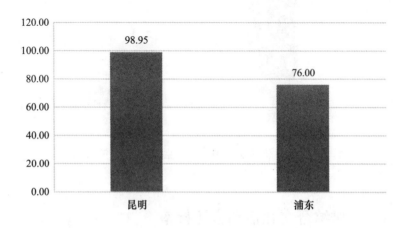

图4-45　工会建会率（%）

10. 已成立业委会小区占符合成立条件小区比例

昆明市 2018 年已成立业委会小区占符合成立条件小区比例为 14.47%，远低于浦东新区的 96.00%，昆明市较浦东新区低 81.53%（见图 4 - 46）。

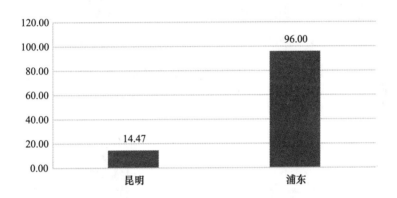

图 4 - 46 已成立业委会小区占符合成立条件小区比例（%）

11. "12345" 市民服务热线办结率

昆明市 2018 年 "12345" 市民服务热线办结率为 99.00%，稍低于浦东新区的 99.50%，昆明市较浦东新区低 0.5%（见图 4 - 47）。

（三）社会环境的比较

1. 公共场所政府免费 wifi 数（区域数）

昆明市 2018 年公共场所政府免费 wifi 数（区域数）为 367，低于浦东新区的 500，昆明市较浦东新区低 133（见图 4 - 48）。

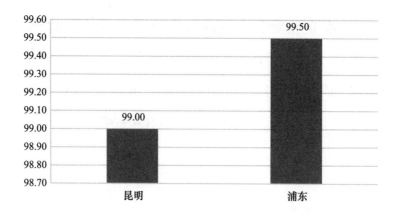

图 4 - 47　"12345" 市民服务热线办结率（%）

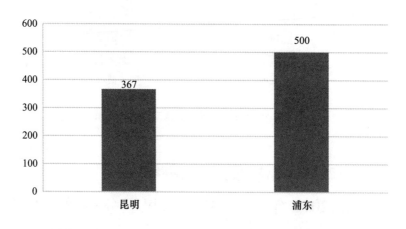

图 4 - 48　公共场所政府免费 wifi 数（区域数）

2. 亿元国内生产总值生产安全事故死亡率

昆明市 2018 年亿元国内生产总值生产安全事故死亡率为 0.08%，高于浦东新区的 0.02%，两者相差 0.06%（见图 4 - 49）。

3. 食品抽检合格率

昆明市 2018 年食品抽检合格率为 97.7%，稍低于浦东新区的 97.8%，昆明市较浦东新区低 0.1%（见图 4 - 50）。

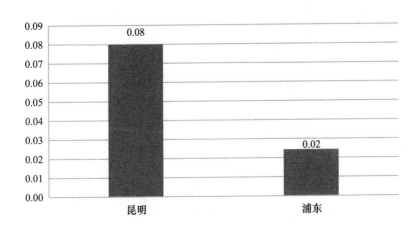

图 4 - 49　亿元国内生产总值生产安全事故死亡率（%）

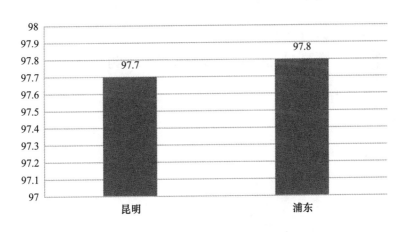

图 4 - 50　食品抽检合格率（%）

4. 人均公园绿地面积

昆明市 2018 年人均公园绿地面积为 11.35 平方米/人，远高于浦东新区的 0.07 平方米/人，两者相差

11.28 平方米/人（见图 4 – 51）。

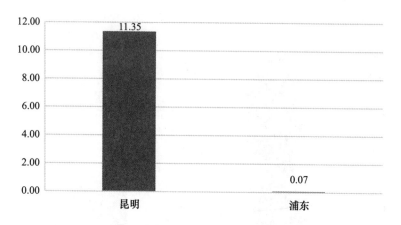

图 4 – 51　人均公园绿地面积（平方米/人）

5. 城镇污水集中处理率

昆明市城镇污水集中处理率为 95.06%（为 2017 年数据），稍高于浦东的 93.64%，两者相差 1.42%（见图 4 – 52）。

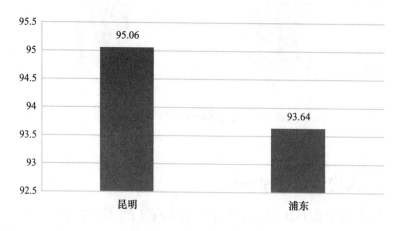

图 4 – 52　城镇污水集中处理率（%）

6. 全年空气优良率

昆明市 2018 年全年空气优良率为 98.90%，高于浦东新区的 84.70%，两者相差 14.20%（见图 4 - 53）。

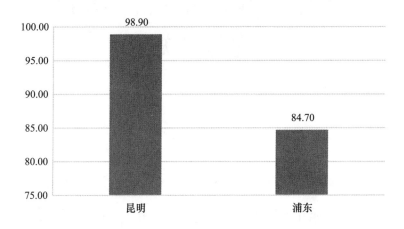

图 4 - 53　全年空气优良率（%）

第五章 昆明市社会治理的优势及短板

根据前述昆明市 2016—2018 年社会治理综合指数得分及其指标的变动，以及昆明市与 31 个省会城市、37 个华东地区地级城市、北上广深、重庆成都贵阳及上海浦东新区的社会治理指标比较，看到了昆明市的社会治理优势与不足。必须巩固和发展昆明市社会治理的优势，补齐短板弱项，在推进区域性国际中心城市建设中开创昆明社会治理新局面。

一 精准把握昆明市社会治理指数变动特点

由前述昆明市社会治理综合指数得分、社会治理有关 36 个指标及其变动，可看出以下几个特点。

（一）社会治理综合指数呈上升趋势

昆明市社会治理综合指数得分从 2016 年的 80.36 分，到 2017 年的 80.78 分，再到 2018 年的 81.03 分，总体呈持续上升趋势，2016—2018 年增长幅度为 0.83%。这个增长趋势反映了市委市政府高度重视社会建设和社会治理，把构建共建共治共享的社会治理新格局作为一个目标任务追求，同时将社会治理的任务落实到基层城乡、基层社区所取得的成效。

（二）社会治理指数若干指标有所增长

一是相较于 2016 年，2018 年度有 15 个指标呈现 10% 以上大幅增长，具体包括："每万人口助理社工师及以上社会工作人才""居村综合文化活动室达标率""已成立业委会小区占符合成立条件小区比例""每千人配置全科医生人数""注册志愿者人数占常住人口数比例""每千老年人口养老床位数""教育经费支出""居民人均可支配收入""每十万人慈善捐款数""社会服务事业费占财政地方一般预算支出的比重""节能环保支出""实有人口万人报警类 110 警情数""财政向社会组织购买服务金额占财政支出比重""医疗卫生与计划生育支出""文化体育与传媒支出"。

二是有 9 项指标呈现 10% 以下的小幅增长，包括："每千人拥有卫生技术人员数""每千人口医疗卫生机构床位数""人均公园绿地面积""群众安全感满意度""高级技能人才占技能劳动者比重""城镇污水集中处理率""居民平均预期寿命""食品抽检合格率""民间纠纷调解成功率"。

另外，指标"每万人拥有社会组织数量"及"全年空气优良率""'12345'市民服务热线办结率"的 2018 年得分与 2016 年相同。指标"公共场所政府免费 wifi 数（区域数）"无 2016 年及 2017 年数据可比对。

（三）社会治理指数若干指标为下降状态

相较于 2016 年，2018 年度有 8 个指标下降，包括："工会建会率""城镇登记失业率""'12348'法律援助中心受理数""万元地区生产总值能耗下降率""亿元国内生产总值生产安全事故死亡率""保障性住房基本建成面积占住宅竣工面积的比重""一般程序交通事故""新增重复信访率"。

二　巩固和发展区域性国际中心城市社会治理的优势

与 31 个省会城市进行比较的 5 项指标数据中，1

项指标高于 31 个省会城市平均值："每千人口医疗卫生机构床位数"，较平均值高出 1.17 张/千人。

与 37 个华东地区地级城市进行比较的 7 项指标数据中，1 项指标高于 37 个华东地区地级城市平均值："全年空气优良率"，较平均值高出 20.67%。

与北上广深进行比较的 8 项指标数据中，5 项指标处于较为领先水平："每千人口医疗卫生机构床位数""每千人拥有卫生技术人员数""每千老年人口养老床位数""全年空气优良率"方面较为领先，"城镇登记失业率"高于广州、深圳、北京。

与重庆、成都、贵阳进行比较的 8 项指标数据中，5 项指标高于重庆成都贵阳："每千人口医疗卫生机构床位数""每千人拥有卫生技术人员数""每千老年人口养老床位数""城镇居民人均可支配收入""全年空气优良率"。

与浦东新区进行比较的 25 项指标数据中，11 项指标高于浦东新区："社会服务事业费占财政地方一般预算支出的比重""教育经费支出""每千人口医疗卫生机构床位数""每千人拥有卫生技术人员数""每千人配置全科医生人数""工会建会率""注册志愿者人数占常住人口数比例""亿元国内生产总值生产安全事故死亡率""人均公园绿地面积""城镇污水集中处理率""全年空气优良率"。

三 不断提升区域性国际中心城市社会治理的短板

与省会城市进行比较的 5 项指标数据中，有 4 项指标低于 31 个省会城市平均值，即"人均公园绿地面积"，较平均值低 2.08 平方米/人；"农村居民人均可支配收入"，较平均值低 3664.42 元；"城镇污水集中处理率"，较平均值低 1.2%；"城镇居民人均可支配收入"，较平均值低 410.32 元。

与 37 个华东地区地级城市进行比较的 7 项指标数据中，6 项指标低于 37 个华东地区地级城市平均值："每千人口医疗卫生机构床位数"，较平均水平低 7.16 张/千人；"每千人配置全科医生人数"，较平均水平低 6.03 人/千人；"人均公园绿地面积"，较平均水平低 4.31 平方米/人；"农村居民人均可支配收入"，较平均水平低 4616.27 元；"城镇居民人均可支配收入"，较平均值低 680.24 元；"城市污水处理率"，较平均值低 1.34%。

与北上广深进行比较的 8 项指标数据中，3 项指标低于北上广深："城镇居民人均可支配收入""农村居民人均可支配收入""人均公园绿地面积"。

与重庆、成都、贵阳进行比较的 8 项指标数据中，

3 项指标低于重庆成都贵阳："农村居民人均可支配收入""城镇登记失业率""人均公园绿地面积"。

与浦东新区进行比较的 25 项指标数据中，14 项指标低于浦东新区："保障性住房基本建成面积占住宅竣工面积的比重""高级技能人才占技能劳动者比重""居民平均预期寿命""城镇登记失业率""居民人均可支配收入""居村综合文化活动室达标率""公共场所政府免费 wifi 数（区域数）""财政向社会组织购买服务金额占财政支出比重""每万人口助理社工师及以上社会工作人才""每万人拥有社会组织数量""已成立业委会小区占符合成立条件小区比例""'12345'市民服务热线办结率""食品抽检合格率""每十万人慈善捐款数"。

第六章 昆明加强和创新社会治理的主要路径

　　根据 2016 年以来昆明市与全国省会城市、华东 37 市、北上广深、重庆成都贵阳、浦东新区社会治理若干指标的比较分析，昆明市要推进区域性国际中心城市社会治理的创新，必须要在巩固和强化昆明市社会治理优势的同时，全面有效地补齐昆明社会治理的短板。为此，本章提出今后一个时期昆明市创新社会治理的主要路径。

一　以党建为引领，转变政府职能，增强社会活力

（一）充分发挥基层党组织的领导核心作用

1. 加强思想政治建设

把加强基层党的建设、巩固党的执政基础作为贯

穿社会治理和基层建设的主线，以改革创新精神探索加强基层党的建设引领社会治理的路径。坚持把党的政治建设摆在首位，抓实党内学习教育，加强党内政治文化建设，坚持不懈用习近平新时代中国特色社会主义思想和党的十九大精神武装头脑、指导实践、推动工作。扎实开展"不忘初心、牢记使命"主题教育，引领全市各族人民听党话、感党恩、跟党走。深入推进"两学一做"学习教育常态化制度化，弘扬中华优秀传统文化，传承红色革命文化，教育引导党员干部夯实理想信念之基、保持先进性和纯洁性。

2. 全面加强城市基层党建

深入开展城市基层党建示范引领行动，分板块、分区域加强城市基层党建，进一步做强街道、做优社区、做实系统、做活治理，构建区域统筹、条块协同、上下联动、共建共享的城市基层党建工作新格局。强化街道党组织统筹协调职能，赋予街道抓党建、抓治理、抓服务的职责职权，进一步做强街道，发挥街道党组织"街乡吹哨，部门报到"的龙头带动作用。强化社区党组织堡垒聚合功能，统筹用好各方资源，制定社区事务准入名录，列出社区减负增效清单，推进社区工作者职业体系建设，进一步做优社区，让社区有资源有能力为群众服务。建立多层次社会组织孵化平台，完善社区党组织和居委会发现居民需求、统筹设计服务项目、支持社会组织承接、引导专业社会工作团队参与的工作体系。建设市、区、街道、社区四级联动体系，进一步做实系统，推动城市党建资源共驻、共建、共融、共治、共享。强化政治引领，构建党组织统一领导、各类组织积极协同、广大群众广泛参与的基层治理体系，进一步做活治理，在党建引领基层治理、服务城市发展上取得新成效。

3. 提升农村党建质量

坚持加强党的领导，着力提高抓党建促脱贫攻坚、促乡村振兴、促基层治理质量。认真贯彻落实《中国共产党农村基层组织工作条例》，以"整县提升、整乡推进、百村示范、千组晋位"为抓手，加强农村基层党组织标准化规范化建设。探索选派薄弱村、后进村干部到强村、先进村挂职，强村、先进村干部到薄弱村、后进村任职，实现互促共进。深入实施集体经济强村工程，发展壮大村级集体经济。探索建立村史党史陈列室（馆），增强基层党员的归属感和荣誉感，强化群众对党的认同和感恩。全面落实"四议两公开"，健全村组重要事项、重大问题由村党组织研究讨论机制，建立完善村组干部小微权力清单、村规民约，规范村务监督委员会运行机制，切实发挥农村基层党组织在脱贫攻坚、乡村振兴、基层治理中的战斗堡垒作用。

4. 深化"两新"党建规范提升

探索建立社会组织党建考核评价机制，压实重点行业部门党组织领导责任。加强律师行业、民办医疗机构等社会组织党建工作，推进党建工作要求写入章程，探索党组织发挥作用的有效途径。探索加强新兴业态和互联网党建工作，扩大党在新兴领域的号召力和凝聚力，不断加大非公有制经济组织和社会组织工会、共青团、妇联等群团组织的组建力度，推动非公有制经济组织和社会组织持续健康发展。

（二）以治理创新推进政府职能转变

1. 加快职能转变

深化简政放权，全面梳理政府部门承担的社会管理和公共服务职能，编制政府向社会组织转移事项目录，凡是社会组织能够办的事项能转尽转，逐步将政府不应行使和可由社会组织承担的事务性管理工作、适合由社会组织提供的公共服务，分期分批以适当的方式转移给社会组织。

2. 建设服务型政府

建设服务型政府，推进市、县（市）区政务服务中心"一窗受理、集成服务"改革，实行前台综合受理、后台分类审批、统一窗口出件，降低制度性交易成本。推进"互联网＋政务服务＋公共资源交易＋综合监管"，探索公共数据资源开放，逐步实现便民服务事项在线咨询、网上办理、证照快递送达。加快"昆明政务服务"移动客户端建设，推动更多审批事项和便民服务通过互联网办理。精减行政事业收费，加快形成覆盖行政许可、行政处罚、行政征收、行政裁决、行政服务等领域的"一次办结"机制。

3. 促进服务均等

建立全市统一的基本公共服务项目清单和需求清单制度，建立清单动态调整、动态发布制度。以县（市）区为单位，有步骤、分阶段推动规划、政策、投入、项目等同城化管理，一体设计、一体实施，推动城乡服务内容和标准统一衔接。深入开展教育扶贫、健康扶贫、文化扶贫，在易地扶贫搬迁、整村推进、就业促进等工作中，按照精准扶贫、精准脱贫的要求，确保基本公共服务不留缺口。引导优质公共服务资源向城乡接合部和农村地区拓展延伸，推进优质公共服务资源设施向社会开放。加快推进政府和社会资本合作，推动基本公共服务和设施建设供给主体和方式多元化。

4. 深化街道（乡镇）体制机制改革

坚持把政治建设作为根本性建设，全面加强党对街道（乡镇）工作的领导。发挥街道（乡镇）党工委（党委）总揽全局、协调各方的作用，树立条块结合、块上主导的发展理念，规范机构设置，赋予职责权限，取消招商引资、协税护税等职能，引导街道（乡镇）把工作重心转移到做好公共服务、公共管理、公共安全工作上来。加大街道（乡镇）综合执法改革力度，探索实行一支队伍管执法，强化街道（乡镇）对区域内执法工作的统筹力度。

（三）打造多元参与的社会治理格局

1. 加强协商共治

发挥"两代表一委员"作用，进一步建立党代表、人大代表和政协委员定期联系群众的长效机制，协调解决群众急难愁盼的突出问题。发挥统一战线成员在社会治理中的积极作用，探索民主党派、商会组织、宗教团体等社会资源参与社会治理的途径。加强街道（乡镇）对辖区协商民主的统筹协调，围绕本地区城乡规划、工程项目、征地拆迁、重大公益事项及群众反映强烈的民生问题等开展协商。开展社会组织协商，采取会议协商、听证协商、书面协商、网络协商等形式，建立与社会组织联系机制。

2. 搭建多元共治平台

利用现有党组织和行政组织的组织体系、组织力量和组织管理框架、管理手段优势，通过完善组织化动员和社会化动员、常态性动员和应急性动员相结合的社会动员体系，吸引社会力量参与。一是发挥群团作用。围绕群团改革目标方向，突出群团组织联系服务群众桥梁纽带作用的有效发挥，着力建设服务型基层群团组织。二是发展社会组织。探索建立以社会组织孵化基地（中心）、社会组织协会、社会工作者协会、行业协会、商会等为骨干的市、县（市）区、街道（乡镇）三级"枢纽型"社会组织体系，开展培育孵化、联系服务、资源支撑、人才支持等服务。三是深化志愿服务。以"志愿之城"试点工作为重要抓手和有力载体，培养以社区党员、团员青年、居民代表、楼栋长、退休干部等为骨干的社会力量，发挥其在社会治理中的积极作用。

二　加强城乡社区治理体系建设，提升社会服务质量

（一）加强城乡社区治理体系建设

1. 完善治理架构

建立健全党委领导，居委会主导，居民为主体，居务监督委员会、业委会、物业公司、驻区单位、群众团体、社会组织等共同参与的社区治理架构。在社区党组织核心引领下，由居委会、驻区单位、物业公司、业委会共建社区自治联席会议平台，居委会对物

业及业委会进行指导、监督。探索由业主大会授权居委会代为引入第三方社会组织参与业委会组建运行及物业管理工作，探索符合条件的居委会成员通过合法程序兼任业委会成员。

2. 增强服务能力

加快推进社区标准化建设，逐步实现社区公共服务事项的一站式受理、全人群覆盖、全口径集成和全区域通办。加快发展生活性服务业，大力发展公益服务和慈善事业，完善基本公共服务、公益性志愿服务和商业性便民利民服务相互衔接的服务体系。探索"睦邻中心"建设，采取政府购买、项目委托等方式，推动政府服务和社会组织服务、企业服务、志愿者服务优势互补、有机融合。探索引入第三方调查机构听取群众意见，通过监督电话、意见箱、网络调查、现场问卷等途径收集意见和建议，广泛了解群众真实诉求。

3. 深化居民自治

建立健全户籍居民和非户籍居民共同参与的议事协商机制，切实发挥听证会、协调会、评议会等民主决策机制的作用。健全自下而上的自治议题和自治项目形成机制，有序引导居民全程参与自治事务。完善民主监督，建立健全自下而上的居委会工作评价体系，以居民知晓度、参与度、满意度为重点，加强居民对居委会及其成员的评议监督。

4. 推进城乡协同

实施乡村振兴战略，加快农村治理现代化建设。加强农村基层民主自治建设，完善村务公开和民主管理制度，落实党务、村务、财务"三公开"制度。推进农村基层综合性公共服务设施建设，探索构建县（市）区、街道（乡镇）、村三级联动互补的基本公共服务网络。着力完善乡村社会的治理组织体系、社区治理体系、安全发展体系、秩序运营体系，全面提升自治德治法治融合水平、共建共治共享发展水平和社会化法治化智能化专业化保障水平，推动实现乡村社会充满活力、和谐有序、民族团结。

（二）加强公共安全体系建设

1. 强化食品药品监管

严格落实食品药品安全"四个最严"和"党政同责"要求，推进昆明"国家食品安全示范城市"创建工作。不断健全监管责任体系、配套政策制度体系、溯源体系、检验检测技术支撑体系、风险防控体系、风险监测体系、应急处置体系、诚信自律体系、社会共治体系等"九大体系"，持续加强各环节监督管理，严厉打击食品药品安全违法犯罪。充分发挥监管主体、市场主体、消费主体等方面的作用，建立市民举报奖励机制，着力构建食品药品安全社会共治格局。

2. 强化安全生产监管

强化企业安全生产基础建设，完善安全生产网格化监管机制。落实企业安全生产主体责任，严格安全目标考核与责任追究，健全安全技术标准体系，实行重大隐患治理逐级挂牌督办和整改效果评价制度。抓好重点行业和领域安全专项整治，坚决防范遏制重特大安全事故的发生。

3. 加强社会治安防控

深入落实多层次跨区域社会治安防控协作联席会议制度，加大社会治安薄弱环节、重点地区整治力度，健全点线面结合、人防物防技防结合、打防管控结合、网上网下结合的立体化社会治安防控体系，依法打击和惩治"黄赌毒黑拐骗"等违法犯罪活动。着力提升地铁、火车站、公交车站、步行街、公园、商场、饭店等人流密集场所安全防范水平。加强城市报警与监控系统建设，定期组织开展反恐防范宣传教育、反恐实战训练及演练，提高公民自保自救能力。

4. 健全应急防灾体制

加强应急预案制定和完善工作，强化应急管理社会动员体系、全社会应急联动体系建设，提高突发事件应对效率。加强基层应急管理工作，深化应急科普宣传，健全应急救援队伍体系，加强应急管理人才队伍建设，规范社会应急救援力量，开展检验性的实战应急演练，推进应急管理综合示范社区（村）建设，提高居民防灾避险、自救互救能力。

5. 构建矛盾纠纷化解机制

构建党委领导、政府主导、综治协调、部门联动、社会参与的矛盾纠纷多元化解格局，建立健全人民调解、司法调解、行政调解相互衔接、协调联动、高效快捷的矛盾纠纷多元化解机制。健全完善矛盾纠纷排查调处机制、矛盾纠纷多元化解衔接机制，完善县（市）区法律服务中心功能，发挥法律服务工作者专业优势，在物业纠纷、农村土地承包经营纠纷、家事纠纷、邻里纠纷调解和信访化解等领域发挥积极作用，妥善排查化解矛盾纠纷。

三　加强综合治理体系建设，完善社会环境

（一）开展市容环境整治提升行动

实施主要城市道路景观提升改造，深入开展重点区域市容市貌、道路建设、园林绿化、面山绿化、交通管理、河道、农贸市场整治提升。开展农房违法建设和临违建筑、"七小"行业专项整治，依法拆除违法违规建筑。开展污染源普查，强化建设工地扬尘管

理及机动车污染防治，守住"昆明蓝""春城绿"。加快发展智慧交通，优化城市道路交通网络，完善市级统筹、区街共治、社区自治的停车治理体系，规范共享自行车管理，努力解决好市民出行"最先和最后一公里"问题。以"美化""净化""绿化""亮化"为抓手，通过"治乱""治污""治差""治堵"等举措，着力解决城市市容和生活环境脏乱差等突出问题，打造"环境净化、交通顺畅、生态优美、舒适宜居、安宁和谐"的城市环境。

（二）完善虚拟社会治理

加强主流媒体与新媒体深度融合，加强网络舆情监测，掌握网络舆情主动权，提高重大突发舆情的发现、研判、预警和处置能力。运用领导信箱、在线咨询、微博、微信、APP 客户端等手段，完善群众诉求表达渠道。加强互联网内容建设，运用"两微一网一端"（微博、微信、官方网站、官方 APP 客户端），探索"社会微治理"模式。

（三）加强社会信用体系建设

一是综合治理。建立行政他律与诚信自律相结合的综合执法模式，将"五违"（违法用地、违法建筑、违法经营、违法排污、违法居住）、群租、住宅物业违规等行为信息纳入信用重点监管目录，实施信用动态监管。完善城市综合执法信用联动机制，将信用手段嵌入道路交通、消防安全、生产安全等管理中，运用信用预警、风险提示等柔性手段，促进城市执法者与被执法者良性互动。二是基层治理。深化"信用社区"创建活动，把人民群众感知度和满意度作为社区信用治理的重要衡量指标，建立社区信用记录、评估机制，引导社区居民自觉履行信用规则和诚信公约，整合社区公共服务、社会保障等资源向守信居民倾斜，推动社区居民共治、共建信用社区。三是职业信用。开展法官、检察官、律师、司法鉴定人员、会计师、审计师、评估师等重点人员职业信用管理，建立职业信用档案，推广使用职业信用报告，加强职业信用报告在人才引进、专业技术职务评聘等领域的应用。

（四）健全心理服务体系

将提高公民心理健康素养作为精神文明建设的重要内容，结合"世界精神卫生日"及"聚力同心、文明昆明"心理健康相关主题活动等，广泛开展心理健康科普宣传、心理咨询、心理治疗和心理援助工作。依托城乡社区综合服务设施或基层综治中心建立心理咨询（辅导）室，通过购买服务等形式，积极培育专业化、规范化的心理咨询、辅导机构，引导社会组织、社会工作者、志愿者积极参与心理健康服务，全面加强儿童青少年心理健康教育，关注老年人、妇女、儿童和残疾人心理健康，重视特殊人群心理健康服务，加强严重精神障碍患者服务。

四　提高社会治理"三化"水平，提升社会治理能力

（一）提升社会治理法治化水平

1. 营造法治环境

培育公民法治观念，建立法治宣传教育和法律进社区制度，加大宪法、法律和地方性法规、规章的宣传教育力度，发挥市民公约、村规民约、行业规章、团体章程等社会规范在社会治理中的积极作用。开展法治文化活动，引导人民群众合法反映诉求、解决问题，在全社会倡导和弘扬法治理念。推进"民主法治示范村（社区）""法律六进示范点""法治企业"等民主法治创建活动。

2. 推进依法行政

将法治政府建设考核纳入各级领导班子和领导干部政绩考核范围，将依法行政纳入干部考核内容，保证政策有效落地实施。开展行政执法类公务员分类管理改革试点，对主要从事行政处罚、行政强制、行政

检查工作并具有现场性、执行性特点的执法职位实行员额控制，实施考核认定、员额任职。制定《行政执法类公务员队伍能力建设三年行动计划》，使人员具备全领域执法能力。实行执法责任制，加大对行政执法行为的审查和过错责任的追究力度。

3. 健全法治服务

深入实施"七五"普法规划，推进行业和基层法治创建工作，促进"法治昆明"建设。健全完善覆盖城乡的公共法律服务网络，推进标准化公共法律服务示范点建设。深入推进律师进社区工作，继续推进基层法律服务行业规范发展和法律援助窗口（站、点）建设，推进公证城乡一体化。将"12348"专线平台上升为公共法律服务专线，加快推进公共法律服务智慧平台"法律机器人"建设，逐步实现法律援助网上受理、审批和指派。建立法律援助标准动态调整机制，逐步降低法律援助准入门槛，扩大法律援助覆盖面。

（二）提升社会治理智能化水平

1. "云上云 + 公共安全"

建立城市视频信息共享机制，推动公共安全视频监控建设集约化、联网规范化、应用智能化。加强对人员密集场所、特种设备、道路交通、重大危险源的联网动态监测。推进"智慧交通""智慧应急""智安监"项目建设，建立应急管理数据库共建共享机制，建成远程化、智能化、网络化、可视化应急管理信息化系统。充分利用大数据平台，提高对风险因素的感知、预测、防范能力。

2. "云上云 + 城市运行"

加快城市综合管理平台建设试点，在主城六区和安宁市各选定一个试点，推进街道、社区社会治理信息化建设。建立以互联网、地理信息系统为基础的城市管理综合平台，建立城市设施运行在线管控、实时预警和故障报告机制，向居民提供公共资源及其使用情况信息。推进智慧城管建设，全面、动态、准确地监测城市管理运行状态，推进城市管理信息融合与数据资源共享。

3. "云上云 + 电子政务"

将"云上云"与政务管理有机结合，优化政府服务渠道，加速政务服务向移动端转移。以数据集中和共享为途径，推动技术融合、业务融合、数据融合，打通信息壁垒，推动城市网格化综合管理中心、"12345"市民服务热线、公共服务信息发布平台等在一个平台上综合联动，形成全面覆盖、统筹利用、统一接入的数据共享大平台。基于云计算、大数据分析、信用风险评价模型等技术，完善综合监管体系建设，推动综合监管平台和信用平台与金融、认证、行政执法机构联动。推进"智慧社区"建设，提高居村信息基础设施和技术装备水平，加强一体化居村信息服务站、居村信息亭、居村信息服务自助终端等公益性信息服务设施建设，加强信息化普及和培训。

4. "云上云＋南亚、东南亚"

建设国家"一带一路"大数据中心南亚分中心，通过制定统一的大数据采集标准发起南亚、东南亚大数据联盟。建设南亚分中心社会治理大数据库，开发英语、泰语、越南语等多语言版本，采集南亚、东南亚主要城市社会治理海量数据，加以分析、挖掘和应用，为中国及南亚、东南亚各国统筹协调"一带一路"社会治理合作提供数据支持和决策支撑。

（三）提升社会治理专业化水平

1. 强化街道（乡镇）干部队伍建设

优化街道（乡镇）干部队伍结构，加强基层党建和社会治理工作力量，严把街道（乡镇）党（工）委书记和后备干部用人关，注重补充城建规划、生态环保、农业技术、电子商务等急需专业人才，注重多渠道培养和选拔本土干部，提高具有街道（乡镇）党（工）委书记任职经历的干部在县（市）区党政领导班子中的比例。

2. 强化社区专职工作者队伍建设

采取基层选拔一批、社会优选一批、组织选派一批的方式，选优配强社区党组织书记。加强社区党组织书记后备队伍培训和管理，探索选派机关年轻干部到社区担任党组织书记。加强社区党组织书记规范管理，实施社区工作者培养计划，建立市、县（市）区、街道（乡镇）和岗位、继续教育、进修、初任三横四纵培训体系，逐步形成老中青相结合的工作梯队。严格落实村（社区）干部社会工作专业技术职称补贴制度，充分发挥社会工作者立足社区、植根一线、提供专业服务的作用。

3. 强化农村干部队伍建设

实施村党组织带头人整体优化提升行动，深化农村"领头雁"培养工程，持续实施村组干部素质能力和学历水平提升计划，对村"两委"成员进行任职资格联审，深入开展农村党员带头致富、带领群众致富"双带"工程，持续开展村党组织书记分析研判工作，对村党组织书记实行县级备案管理，全面推行村党组织书记通过法定程序担任村委会主任和村集体经济组织、合作经济组织负责人制度。实施严格考勤，制定责任、问题、任务清单，保证责权、事财对等，推动村干部工作岗位由"半日制""副业化"转变为"全日制""职业化"。健全完善村干部岗位补贴长效机制、辞职罢免制度，加强对村干部的日常管理和监督考核，抓好村干部竞职承诺、创业承诺、辞职承诺等兑现工作。

4. 强化社会组织人才队伍建设

扩大社会组织人才在党代表、人大代表、政协委员中的比例，探索建立社会组织优秀人才到政府机构、企事业单位、居委会的交流挂职机制。深入实施"百千万"工程，加强与区域内高等院校的互动与合作，发挥社会组织孵化基地和街镇社区社会组织服务中心作用，通过政府购买服务方式，强化社会组织领军人才、专业骨干人才、合格岗位人才引进，多渠道多形式地充实社会组织人才队伍。组织一次县级以上领导干部"社会治理"专题知识讲座，组织市级相关部门、县（市）区分管领导和试点社区负责人赴省外先进地区开展专题培训，组织市级相关部门、部分县（市）区、街道（乡镇）、社区（村）业务负责人和工作人员在昆进行业务培训，不断提高社会治理工作水平。

附　　录

一　昆明市社会治理综合指数
　　原始数据

表 1　　昆明市社会治理综合指数得分及增长率（2016—2018）

年份	昆明市社会治理综合指数得分	昆明市社会治理综合指数百分制得分	增长率（相对于 2016 年的增长百分比）
2016 年	566. 1658507	80. 36	0. 000%
2017 年	572. 1832834	80. 78	0. 523%
2018 年	575. 7396912	81. 03	0. 834%
百分标准值	876. 8003758	100	

表 2　　昆明市社会治理综合指数各指标的统计数据（2016—2018）

指　标	统计数据		
	2016 年	2017 年	2018 年
社会服务事业费占财政地方一般预算支出的比重（%）	57. 75	63. 52	65. 87
文化体育与传媒支出（亿元）	6. 51	7. 4	8
保障性住房基本建成面积占住宅竣工面积的比重（%）	23	16	10

续表

指　标	统计数据		
	2016 年	2017 年	2018 年
教育经费支出（亿元）	109. 11	118. 17	130. 05
医疗卫生与计划生育支出（亿元）	46. 91	56. 82	62. 47
节能环保支出（亿元）	22. 35	36. 29	25. 39
高级技能人才占技能劳动者比重（%）	18. 83	19. 63	19. 42
每千人口医疗卫生机构床位数（张/千人）	8. 59	8. 97	9. 23
每千人拥有卫生技术人员数（人/千人）	10. 55	11. 2	11. 59
居民平均预期寿命（岁）	78. 56	78. 96	79. 01
城镇登记失业率（%）	3. 11	3	3. 09
每千老年人口养老床位数（张/千人）	31	35	39
城镇居民人均可支配收入（元）	36739	39788	42988
农村居民人均可支配收入（元）	12555	13698	14895
每千人配置全科医生人数（人/千人）	1. 6	1. 63	2. 21
居村综合文化活动室达标率（%）	26. 91	26. 91	39. 74
公共场所政府免费 wifi 数（区域数）	0	0	367
财政向社会组织购买服务金额占财政支出比重（%）	0. 97	0. 52	1. 08
每万人口助理社工师及以上社会工作人才（人/万人）	0. 9	1. 29	1. 76
每万人拥有社会组织数量（个/万人）	7. 5	7. 5	7. 5
工会建会率（%）	98. 96	98. 95	98. 95
注册志愿者人数占常住人口数比例（%）	11. 06	11. 06	14. 18
已成立业委会小区占符合成立条件小区比例（%）	9. 8	8. 8	14. 47
实有人口万人报警类 110 警情数（起）	0. 15	0. 17	0. 17
民间纠纷调解成功率（%）	99. 45	99. 56	99. 51
新增重复信访率（%）	26	20	22
“12345”市民服务热线办结率（%）	99	99	99
“12348”法律援助中心受理数（万件）	7369	5931	5952
一般程序交通事故（起）	1727	1514	1675
亿元国内生产总值生产安全事故死亡率（%）	0. 10	0. 09	0. 08
食品抽检合格率（%）	97. 6	97. 99	97. 7

指 标	统计数据		
	2016 年	2017 年	2018 年
群众安全感满意度（%）	88.76	85	91.62
人均公园绿地面积（平方米/人）	10.93	11.02	11.35
万元地区生产总值能耗下降率（%）	10.34	4.74	7
城镇污水集中处理率（%）	92.37	95.06	95.06
全年空气优良率（%）	98.90	98.60	98.90
每十万人慈善捐款数（元/十万人）	9.28	10.72	10.73

表3　　昆明市社会治理综合指数各指标的增长率（2016—2018）

指 标	相对于 2016 年的增长百分比		
	2016 年	2017 年	2018 年
社会服务事业费占财政地方一般预算支出的比重（%）	0.00%	9.99%	14.06%
文化体育与传媒支出（亿元）	0.00%	13.67%	22.89%
保障性住房基本建成面积占住宅竣工面积的比重（%）	0.00%	-30.43%	-56.52%
教育经费支出（亿元）	0.00%	8.30%	19.19%
医疗卫生与计划生育支出（亿元）	0.00%	21.13%	33.17%
节能环保支出（亿元）	0.00%	62.37%	13.60%
高级技能人才占技能劳动者比重（%）	0.00%	4.25%	3.13%
每千人口医疗卫生机构床位数（张/千人）	0.00%	4.42%	7.45%
每千人拥有卫生技术人员数（人/千人）	0.00%	6.16%	9.86%
居民平均预期寿命（岁）	0.00%	0.51%	0.57%
城镇登记失业率（%）	0.00%	-3.54%	-0.64%
每千老年人口养老床位数（张/千人）	0.00%	12.90%	25.81%
城镇居民人均可支配收入（元）	0.00%	8.30%	17.01%
农村居民人均可支配收入（元）	0.00%	9.10%	18.64%

续表

指　标	相对于 2016 年的增长百分比		
	2016 年	2017 年	2018 年
每千人配置全科医生人数（人/千人）	0.00%	1.87%	38.13%
居村综合文化活动室达标率（%）	0.00%	0.00%	47.68%
公共场所政府免费 wifi 数（区域数）	（*）	（*）	（*）
财政向社会组织购买服务金额占财政支出比重（%）	0.00%	− 46.39%	11.34%
每万人口助理社工师及以上社会工作人才（人/万人）	0.00%	43.33%	95.56%
每万人拥有社会组织数量（个/万人）	0.00%	0.00%	0.00%
工会建会率（%）	0.00%	− 0.01%	− 0.01%
注册志愿者人数占常住人口数比例（%）	0.00%	0.00%	28.21%
已成立业委会小区占符合成立条件小区比例（%）	0.00%	− 10.20%	47.65%
实有人口万人报警类 110 警情数（起）	0.00%	13.33%	13.33%
民间纠纷调解成功率（%）	0.00%	0.11%	0.06%
新增重复信访率（%）	0.00%	− 23.08%	− 15.38%
"12345"市民服务热线办结率（%）	0.00%	0.00%	0.00%
"12348"法律援助中心受理数（万件）	0.00%	− 19.51%	− 19.23%
一般程序交通事故（起）	0.00%	− 12.33%	− 3.01%
亿元国内生产总值生产安全事故死亡率（%）	0.00%	− 10.00%	− 20.00%
食品抽检合格率（%）	0.00%	0.40%	0.10%
群众安全感满意度（%）	0.00%	− 4.24%	3.22%
人均公园绿地面积（平方米/人）	0.00%	0.82%	3.84%
万元地区生产总值能耗下降率（%）	0.00%	− 54.16%	− 32.30%
城镇污水集中处理率（%）	0.00%	2.91%	2.91%
全年空气优良率（%）	0.00%	− 0.30%	0.00%
每十万人慈善捐款数（元/十万人）	0.00%	15.52%	15.63%

　　注：（*）"公共场所政府免费 wifi 数"2016 年数据为 0，所以无法计算相对于 2016 年的增长率。

二　全国 31 个省会城市的原始数据

指标 城市	每千人口医疗卫生机构床位数（张/千人）	城镇居民人均可支配收入（元）	农村居民人均可支配收入（元）	人均公园绿地面积（平方米/人）	城镇污水集中处理率（%）
数据来源	医院、卫生院床位数（张）：《2017 中国省市经济发展年鉴下册》第 861 页；年末总人口（万人）：《2017 中国省市经济发展年鉴·下册》第 28 页	《2017 中国省市经济发展年鉴·下册》第 187 页	《2017 中国省市经济发展年鉴·下册》第 199 页	《2017 中国省市经济发展年鉴·下册》第 485 页	《2017 中国省市经济发展年鉴·下册》第 469 页
北京	8.07	57275	22310	16	90.58
天津	3.95	37110	20076	10.6	92.08
石家庄	4.78	30459	12345	15.8	96.12
太原	9.88	29632	14591	10.8	86.89
呼和浩特	7.38	40220	14517	19.7	94.64
沈阳	8.43	38995	14385	11.5	94.92
长春	6.26	27195	12576	17.8	93.45
哈尔滨	7.40	33190	14391	9.2	92.2
上海	5.24	57692	25520	7.8	94.29
南京	6.82	49997	21156	15.3	95.98
杭州	8.77	52185	27908	14.4	95.07
合肥	6.01	34852	17059	13.5	99.71
福州	4.61	37833	16346	14.1	93.21
南昌	5.44	34619	14952	11.8	93.5
济南	7.51	43052	15346	11.3	97.21
郑州	9.79	33214	18426	8.4	99.82
武汉	9.46	39737	19152	10.4	97.41
长沙	9.31	43294	25448	10.8	96.93

指标 城市	每千人口医疗卫生机构床位数（张/千人）	城镇居民人均可支配收入（元）	农村居民人均可支配收入（元）	人均公园绿地面积（平方米/人）	城镇污水集中处理率（%）
广州	9.28	50941	21449	22.1	94.28
南宁	5.32	30728	11398	12.1	89.51
海口	7.93	30775	12679	12.1	94.99
重庆	5.82	29610	11549	16.9	96.75
成都	8.68	35902	18605	14.2	94.3
贵阳	7.62	29502	12967	16.2	97.56
昆明	8.59	36739	12555	10.93	92.37
拉萨	6.86	29383	11448	4.7	89.5
西安	6.43	35630	15191	11.9	92.4
兰州	7.42	29661	10391	12.7	95.44
西宁	8.90	27539	9678	12.2	74.05
银川	8.00	30478	12037	16.6	95.21
乌鲁木齐	9.98	34190	16351	11.4	90.38

三　昆明市与 37 个华东地区地级市比较的原始数据

指标 城市	每千人口医疗卫生机构床位数（张/千人）	每千人配置全科医生人数（人/千人）	城市污水处理率（%）	人均公园绿地面积（平方米/人）	全年空气优良率（%）	城镇居民人均可支配收入（元）	农村居民人均可支配收入（元）
数据来源	《2017年中国城市统计年鉴》第266页	《2017年中国城市统计年鉴》第266页	《2017年中国省市经济发展年鉴·下册》第469页	《2017年中国省市经济发展年鉴·下册》第485页	《2017年国民经济和社会发展统计公报》	《2017年中国省市经济发展年鉴·下册》第187页	《2017年中国省市经济发展年鉴·下册》第199页
昆明市	8.59	1.6	92.37	10.93	98.90	36739	12555

城市 \ 指标	每千人口医疗卫生机构床位数（张/千人）	每千人配置全科医生人数（人/千人）	城市污水处理率（%）	人均公园绿地面积（平方米/人）	全年空气优良率（%）	城镇居民人均可支配收入（元）	农村居民人均可支配收入（元）
南京市	6.82	3.81	95.98	15.3	72.33	49997	21156
无锡市	14.29	7.16	97.13	14.9	67.70	48628	26158
徐州市	14.48	6.46	93.6	15.7	48.22	28421	15274
苏州市	17.48	7.95	95.16	14.7	71.50	54341	27691
南通市	17.83	8.40	94.11	18.5	72.88	39247	18741
连云港市	9.62	4.92	87.16	14.7	77.00	27853	13932
扬州市	7.94	4.48	94.42	18.6	62.47	35659	18057
镇江市	12.34	7.65	94.51	19	71.50	41794	20922
杭州市	11.85	7.00	95.07	14.4	74.25	52185	27908
宁波市	14.16	9.72	95.41	11.4	85.20	51560	28572
温州市	20.88	14.87	92.5	12.7	90.14	47785	22985
绍兴市	11.47	6.44	94.51	13.5	83.00	50305	27744
金华市	27.76	16.11	94.68	11.7	99.45	46554	21896
合肥市	16.94	7.45	99.71	13.5	60.82	34852	17059
芜湖市	12.49	5.36	93.56	13.4	68.22	32315	17307
蚌埠市	15.49	5.62	99.51	13	62.20	28653	12591
淮南市	8.50	3.36	97.47	12.6	57.26	28098	10848
马鞍山市	9.73	5.30	99.64	15	65.60	38142	17719
黄山市	16.36	7.27	94.54	14.9	98.10	28393	12869
福州市	15.58	9.28	93.21	14.1	95.07	37833	16346
厦门市	6.32	5.03	93.63	11.5	99.18	46254	18885
莆田市	5.94	2.23	85	12.7	90.70	31818	15131
泉州市	31.97	13.58	95	14.2	94.52	39656	17179
漳州市	33.98	16.58	90.84	14.6	92.60	30726	15320
南昌市	9.43	4.35	93.5	11.8	83.01	34619	14952
景德镇市	16.55	10.18	68.16	17.2	91.40	31418	13878

续表

指标 城市	每千人口 医疗卫生 机构床位 数（张/ 千人）	每千人配 置全科医 生人数 （人/千人）	城市污水 处理率 （%）	人均公园 绿地面积 （平方米/ 人）	全年空气 优良率 （%）	城镇居民 人均可支 配收入 （元）	农村居民 人均可支 配收入 （元）
萍乡市	11.62	4.96	90.13	10.6	—	30630	15274
九江市	31.26	14.24	99.47	17.8	78.90	30011	12157
赣州市	24.64	7.96	85.29	11.5	—	27086	8729
吉安市	35.02	12.91	91.98	17.1	77.30	29307	11380
宜春市	18.45	6.93	94.61	15.3	83.70	27452	12643
济南市	10.05	7.27	97.21	11.3	—	43052	15346
青岛市	12.48	7.30	96.08	18.6	93.70	43598	17969
淄博市	9.54	4.81	96.4	18.7	53.15	36436	15674
烟台市	19.95	9.36	95.84	20.7	80.00	38744	16721
泰安市	17.09	8.03	96.65	22.8	70.68	30299	14428
威海市	11.56	5.63	96.08	26.1	88.10	39363	17573

四　北上广深以及重庆、成都、贵阳的原始数据

指标 地区	每千人口 医疗卫生 机构床位 数（张/ 千人）	每千人拥 有卫生技 术人员数 （人/ 千人）	每千老年 人口养老 床位数 （张/ 千人）	人均公园 绿地面积 （平方 米/人）	城镇登记 失业率 （%）	城镇居民 人均可支 配收入 （元）	农村居民 人均可支 配收入 （元）	全年空气 优良率 （%）
数据来源	《中国统 计年鉴》， 2018年 版，第 720页	《中国统 计年鉴》， 2018年 版，第 716页	《中国统 计年鉴》， 2018年 版，第 733页	《中国统 计年鉴》， 2018年 版，第 828页	《中国统 计年鉴》， 2018年 版，第 134页	《中国统 计年鉴》， 2018年 版，第 193页	《中国统 计年鉴》， 2018年 版，第 201页	
北京	8.66	11.33	39.58	16.2	1.4	62406.3	24240.5	
上海	9.46	7.73	27.84	8.19	3.9	62595.7	27825.0	
重庆	7.69	6.23	25.46	17.05	3.4	32193.2	12637.9	

指标　　地区	每千人口医疗卫生机构床位（张/千人）	每千人拥有卫生技术人员数（人/千人）	每千老年人口养老床位数（张/千人）	人均公园绿地面积（平方米/人）	城镇登记失业率（%）	城镇居民人均可支配收入（元）	农村居民人均可支配收入（元）	全年空气优良率（%）
贵阳	6.55	10.92	8.83	12.88	3.1	32186	14264	95.1（贵阳2017年环境状况公报）
广州	7.84	12.6	6.2	17.06（广州林业和园林局统计数据，2017年）	2.4	55400	23484	80.5（广州2017年生态环境质量公报）
成都	8.41	9.85	6.6	13.7	3.2	38918	20298	64.9（成都2017年生态环境质量公报）
深圳	3.50	6.81	30	17.56	2.2	52938	无农村人口	94.0（深圳2017年生态环境质量公报）

资料来源：（1）大部分贵阳、广州、成都、深圳的数据来源于2017年当地发布的国民经济和社会发展统计公报。（2）部分数据来源于表格中标出。（3）广州养老床位数来源：http：//news. ycwb. com/2018－01/26/content_ 25935207. htm。（4）深圳每千老年人口养老床位数来源：https：//baijiahao. baidu. com/s？id＝161537785 2528384386&wfr＝spider&for＝pc。

五　浦东新区的原始数据

指标编号	四级指标名称	单位	数据提供部门	对应上级指标	2018年数据
1	社会服务事业费占财政支出的比重	%	财政局	III-1社会投入	3.91
2	文化事业费占财政支出比重	%	财政局		2.2
3	保障性住房基本建成面积占住宅竣工面积的比重	%	建交委		41.52
4	教育经费支出	亿元	财政局		121.86
5	卫生事业支出	亿元	财政局		52.84
6	环保基金支出	万元	财政局		2419.38
7	每万人拥有公共体育文化设施面积	平方米/万人	教育局文广局	III-2基本保障	11064968.32 + 934672.53
8	高级技能人才占技能劳动者比重	%	人保局		33.01
9	每千人口医疗卫生机构床位数	张/千人	卫计委		4.1
10	每千人拥有卫生技术人员数	人/千人	卫计委		5.69
11	人口平均期望寿命	岁	卫计委	III-3社会民生	84.28
12	城镇调查失业率	%	统计局		3.9
13	养老机构床位数占区域户籍老年人口比例	%	民政局		24385张（2018年老龄人口数据待市有关部门公布）
14	居民人均可支配收入	万元	浦东调查队		6.6179
15	每千人配置全科医生人数	人/千人	卫计委		0.31
16	社会保障满意度	%	第三方调查		79.08

指标编号	四级指标名称	单位	数据提供部门	对应上级指标	2018年数据
17	每十万人拥有城市商业综合体（购物中心）数量	个	统计局		0.06
18	生活便利性满意度	%	第三方调查	Ⅲ-4 社区服务	80.11
19	居村综合文化活动室达标率	%	文广局		100
20	示范性智慧社区数	个	科经委		12
21	公共场所政府免费wifi数	个	科经委		500
22	区级财政向社会组织购买服务金额占财政支出比重	%	财政局		1.96
23	每万人口助理社工师及以上社会工作人才	人/万人	民政局	Ⅲ-5 社会组织	11
24	每万人拥有社会组织数量	个/万人	民政局		2262
25	社会组织党组织应建已建率	%	组织部		80.4
26	工会建会率	%	总工会		76
27	每万人基层红十字会组织数	个/万人	红十字会		0.56
28	注册志愿者人数占常住人口数比例	%	宣传部		0.10
29	已成立业委会小区占符合成立条件小区比例	%	建交委	Ⅲ-6 社会参与	96
30	群众文化活动参与人次	万人	文广局		771.72
31	社区代表会议/社区委员会建成率	%	民政局		100
32	实有人口万人报警类110警情数	起	公安分局		98.09
33	民间纠纷调解成功率	%	司法局		303.2
34	新增重复信访率	%	信访办		
35	"12345"市民服务热线办结率	%	区府办	Ⅲ-7 地区管理	99.5
36	"12368"诉讼服务平台受理数	万件	法院		10.6448
37	市民食品安全知晓度	%	市场监管局		84.0
38	文明小区创建率	%	宣传部		32.93

续表

指标编号	四级指标名称	单位	数据提供部门	对应上级指标	2018年数据
39	道路交通事故发生数	起	公安分局		16701
40	亿元国内生产总值生产安全事故死亡率	%	安监局	Ⅲ-8社会安全	0.0243
41	食品安全风险监测总体合格率	%	市场监管局		97.8
42	可防性案件防控数	起	公安分局		17225
43	平安示范社区数	个	综治办		18
44	人均公园绿地面积	平方米/人	环保局		0.07
45	单位增加值能耗下降率	%	统计局	Ⅲ-9生态环境	
46	城镇污水集中处理率	%	环保局		93.64
47	全年空气优良率	%	环保局		84.7
48	市容环境质量评价（月考指标）	分	环保局		93.04
49	组建社区基金（会）的街镇数	个	民政局	Ⅲ-10社会公益	13
50	每十万人慈善捐款数	元/十万人	民政局		18.26

六　部分指标解释

（1）居民可支配收入：居民可支配收入指居民可用于最终消费支出和储蓄的收入总和，即居民可用于自由支配的收入。既包括现金收入，也包括实物收入。按照收入的来源，可支配收入包含四项，分别为：工资性收入、经营性净收入、财产性净收入和转移性净收入。（《中国统计年鉴》，2015年版，第207页）

（2）农村居民纯收入：农村居民家庭纯收入指农村住户当年从各个来源得到的总收入相应地扣除所发

生的费用后的收入总和。"农民人均纯收入"是按人口平均的纯收入水平，反映的是一个地区农村居民的平均收入水平。（《中国统计年鉴》，2015 年版，第 208 页）

（3）城镇登记失业率：城镇登记失业人员与城镇单位就业人员（扣除使用的农村劳动力、聘用的离退休人员、港澳台及外方人员）、城镇单位中的不在岗职工、城镇私营业主、个体户主、城镇私营企业和个体就业人员、城镇登记失业人员之和的比。（《中国统计年鉴》，2014 年版，第 115 页）

（4）每千人口医疗卫生机构床位：医疗卫生机构指从卫生行政部门取得《医疗机构执业许可证》《计划生育技术服务许可证》，或从民政、工商行政、机构编制管理部门取得法人单位登记证书，为社会提供医疗保健、疾病控制、卫生监督服务或从事医学科研和医学在职培训等工作的单位。医疗卫生机构包括医院、基层医疗卫生机构、专业公共卫生机构、其他医疗卫生机构。（《中国统计年鉴》，2015 年版，第 762 页）

（5）社会工作师：指通过全国社会工作师职业水平考试并取得社会工作师职业水平证书的人员。（《中国统计年鉴》，2014 年版，第 721 页）

（6）人均公园绿地面积：公园绿地指城市中向公众开放的、以游憩为主要功能，有一定的游憩设施和服务设施，同时兼有健全生态、美化景观、防灾减灾等综合作用的绿化用地。包括综合公园、社区公园、专类公园、带状公园和街旁绿地。其中综合公园、专类公园和带状公园面积之和为公园面积。（《中国统计年鉴》，2015年版，第867页）

（7）万元地区生产总值能耗下降率：万元地区生产总值能耗指一个地区生产每万元地区生产总值所消耗的能源。（国家统计局网站，http：//www. stats. gov. cn/tjsj/zxfb/201604/t20160420_ 1346123. html）

（8）地方一般公共预算支出：指根据政府在经济和社会活动中的不同职责，划分中央和地方政府的责权，按照政府的责权划分确定的支出。地方一般公共预算支出包括一般公共服务支出、公共安全支出、地方统筹的各项社会事业支出等。（《中国统计年鉴》，2018年版，第233页）

（9）卫生技术人员：包括执业医师、执业助理医师、注册护士、药师（士）、检验技师（士）、影像技师、卫生监督员和见习医（药、护、技）师（士）等卫生专业人员。不包括从事管理工作的卫生技术人员（如院长、副院长、党委书记等）。每千人口卫生技术人员 = 卫生技术人员数/人口数×1000。人口数系年末常住人口。（《中国统计年鉴》，2018年版，第741页）

参考文献

1. 龚维斌等：《中国社会治理创新之路——中国道路·社会建设卷》，经济科学出版社 2019 年版。

2. 张静：《社会治理：组织、观念与方法》，商务印书馆 2019 年版。

3. 国务院发展研究中心公管所：《社会治理的理论与实践探索》，中国发展出版社 2018 年版。

4. 冯仕政：《社会治理新蓝图》，中国人民大学出版社 2017 年版。

5. 孙莉莉：《特大城市社会治理：立足基层社区的考察》，上海交通大学出版社 2019 年版。

6. 李长健：《中国农村社会治理法治化研究——基于社区发展的视角》，湖北人民出版社 2015 年版。

7. 佟岩、刘娴静：《社区建设与社会治理创新》，知识产权出版社 2015 年版。

8. 王利敏、孟莉编：《社会治理视野下的社会工作发展》，河北人民出版社 2015 年版。

9. 张翼编：《社会治理与城乡一体化》，社会科学文献出版社 2015 年版。

10. 孔卫英：《改革开放以来中国社会治理思想研究》，中国社会科学出版社 2018 年版。

11. 中国社会科学院国家法治指数研究中心、中国社会科学院法学研究所法治指数创新工程项目组：《社会治理：新时代"枫桥经验"的线上实践》，中国社会科学出版社 2019 年版。

12. 魏礼群编：《社会治理：新思想，新实践，新境界》，中国言实出版社 2018 年版。

13. 国家治理视域下的社区治理创新编委会编：《国家治理视域下的社区治理创新》，学林出版社 2016 年版。